Mobile Marketing für Messen

Reihe Messe-, Kongress- und Eventmanagement

Stefan Luppold (Hrsg.)

Florian Bernard | Stefan Luppold

Mobile Marketing
für Messen

Integrierte Kommunikation
im Messemarketing der Aussteller

Verlag Wissenschaft & Praxis

Bibliografische Information der Deutschen Nationalbibliothek
Die Deutsche Nationalbibliothek verzeichnet diese Publikation in
der Deutschen Nationalbibliografie; detaillierte bibliografische Daten
sind im Internet über http://dnb.d-nb.de abrufbar.

ISBN 978-3-89673-500-3

© Verlag Wissenschaft & Praxis
Dr. Brauner GmbH 2010
Nußbaumweg 6, D-75447 Sternenfels
Tel. +49 7045 930093 Fax +49 7045 930094
verlagwp@t-online.de www.verlagwp.de

Vorwort

So lange es Messen gibt, so lange befindet sich dieses Instrument der direkten Wirtschaftskommunikation im Wandel. Neue Themen generieren neue Messeveranstaltungen, Standorte wechseln, die Internationalisierung führt etablierte Messen ins Ausland. Messen werden größer und kleiner, wachsen zu Leitmessen heran oder schrumpfen und verschwinden vom Markt.

Messen spiegeln Wirtschaftszyklen wider, sind Abbild von Veränderungen, Innovationen, Globalisierung und Krisen.

Intelligentes Messe-Management hat dabei immer das Ziel vor Augen, Angebot und Nachfrage zu vereinen. Im Zentrum des Handelns steht der „Marktplatz-Gedanke" und muss die Arbeit all derer bestimmen, die in der Messewirtschaft Verantwortung übernommen haben. Messen als Schaufenster einer Branche, als Treffpunkt von Marktkompetenz und als Initiator neuer Geschäftsverbindungen sind das Getriebe am Wirtschaftsmotor und bringen Markteintritt oder Expansion „auf die Straße".

Eine erfolgreiche Messe erklärt sich nicht aus der Zahl der belegten Standfläche, kann nicht über Quadratmeter definiert werden. Sicher, die richtigen Aussteller müssen präsent sein, die passenden Aspekte als Teil der generellen Messeausrichtung angesprochen, die relevanten Besucher anwesend sein. Das ist allerdings kein Flächen-, sondern ein Kommunikations- und Konfigurationsthema.

Ein wichtiger Teilaspekt, mit dem sich das Buch von Florian Bernard und Professor Stefan Luppold beschäftigt, ist dabei die Integration moderner Kommunikationsmittel. Wir können nicht intensiv, ernsthaft und gleichzeitig kreativ genug darüber nachdenken, wie – in einer Welt der Informationsüberflutung – Messen und Messebesuche durch eine integrierte Kommunikation attraktiver gestaltbar, effektiver durchführbar und dennoch als besondere und einzigartige Form des Zusammentreffens wahrnehmbar werden.

Die großen Messegesellschaften haben schon vor einiger Zeit damit begonnen, die mobilen Endgeräte der Besucher in ihre Informations- und Kommunikationskanäle einzubauen. Beispielsweise durch elektronisch übermittelte Eintrittskarten, die über Scanner vom Display des Mobiltelefons ausgelesen werden. Nun sollen auch Aussteller dieses Werkzeug nutzen, um ihre Zielgruppen spezifisch anzusprechen, zu einem Standbesuch zu motivieren und dort durch Unterhaltungs- oder Informationselemente ihre Botschaften wertig und nachhaltig zu vermitteln. Es handelt sich dabei nicht um neue Ziele, aber um die Nutzung einer neuen Technologie mit erweiterten Möglichkeiten der Interaktion.

Mobiles Messe-Marketing steht noch am Anfang, obwohl die technischen Voraussetzungen gegeben sind und Nutzungskonzepte vorliegen. Eine Chance für diejenigen, die ihre Messebeteiligungen durch ein zusätzliches Tool verbessern, erweitern und dabei auch modernisieren wollen.

Messen sind zeitlich begrenzt. Eine Herausforderung an die Aussteller, im Rahmen dieser Limitation ein maximales Ergebnis zu erzielen. Mobiles Messe-Marketing kann an dieser Stelle eine Lücke schließen und als Informations- und Kommunikationswerkzeug zusätzlich wirken: Vor der Messe, auf dem Weg zum Messestand, während des Standbesuchs selbst und auch danach.

Die beiden Autoren liefern den Lesern nicht nur einen wissenschaftlich fundierten Überblick zum aktuellen Stand der Thematik, sondern greifen beispielhaft auf, wie und mit welcher Wirkung mobiles Messe-Marketing genutzt werden kann. Daneben informiert eine Projektion über die weitere Entwicklung, auch hinsichtlich neuer, zusätzlicher Technologien. So ist diese Publikation eine wichtige Grundlage für alle, die sich mit Messe-Management und Wirtschafts-Kommunikation beschäftigen.

Ich freue mich, dass mit diesem Buch eine Fülle qualifizierter Anregungen zur Verbesserung im Messe-Marketing vorgelegt wurde. Denn Messen im Wandel heißt auch, die Besucher immer wieder aufs Neue zu gewinnen und zu begeistern. Mobiles Messe-Marketing trägt definitiv dazu bei!

Ernst Raue

Hannover, im Februar 2010

Ernst Raue ist Mitglied des Vorstandes der Deutschen Messe AG und Vizepräsident des deutschen Marketing-Verbandes

Inhaltsverzeichnis

Abbildungsverzeichnis   **13**

Abkürzungsverzeichnis   **15**

1. Einleitung   **17**

1.1 Zielsetzung   18

1.2 Aufbau   19

2. Theoretische Grundlagen   **21**

2.1 Definition Messe   21

2.2 Entwicklung und Bedeutung der Messewirtschaft   21

2.3 Ziele von Messen   23

2.4 Trends in der Messewirtschaft und im Messemarketing   25

3. Einordnung in den Marketing-Mix   **29**

3.1 Bedeutung der Kommunikation im Marketing-Mix   29

3.2 Einordnung des Messemarketings   29

3.3 Stellung von Messen in der Kommunikationspolitik   31

4. Integrierte Unternehmenskommunikation   **33**

4.1 Kommunikationsprozess   33

4.2 Notwendigkeit der integrierten Kommunikation   35

4.3 Formen der integrierten Unternehmenskommunikation   36

4.4 Beziehungen zwischen den Kommunikationsinstrumenten   39

5. Anforderungen an die Aussteller   **43**

5.1 Schaffung von Mehrwerten   43

5.2 Zusammenfassung   45

6. Mobile Marketing   **47**

6.1   Definition Mobile Marketing   47

6.2   Merkmale des Mobile Marketing   47

6.3   Ziele des Mobile Marketing   50

7. Möglichkeiten und Formen des Mobile Marketing   **55**

7.1   Mobile Endgeräte   55

7.2   Dimensionen und Entwicklung des Mobile Marketing   55

7.3   Formen des Mobile Marketing   60

7.4   Push und Pull   65

7.5   Permission Marketing   66

8. Mobile Marketing-Mix   **67**

8.1   Mobile Preispolitik   68

8.2   Mobile Produktpolitik   69

8.3   Mobile Vertriebspolitik   69

8.4   Mobile Kommunikationspolitik   70

8.5   Mindmatics 4-P-Strategie   72

9. Mobile Marketing in der integrierten Kommunikationspolitik   **75**

9.1   Umsetzung der inhaltlichen Integration   75

9.2   Umsetzung der formalen Integration   76

9.3   Synergie- und Gefahrenpotenzial   76

9.4   Bedeutung der integrierten Kommunikation   78

10. Folgerung für das Messemarketing   **81**

10.1   Mobile Marketing auf Messen   81

10.2   Das Mobile AIDA-Modell   83

10.3   Mobile Marketing in den Hauptzielen von Messen   84

10.4   mCRM als Kundenbeziehung   89

10.5   Bluetooth-Marketing   90

10.6 Near Field Communication Marketing 94

10.7 Mobile Tagging 95

10.8 Wertschöpfungskette 95

10.9 Fazit 96

11. Umfrage **97**

11.1 Vorgehensweise 97

11.2 Darstellung und Interpretation der Ergebnisse 98

12. Zusammenfassung und Ausblick **103**

Quellenverzeichnis **105**

Anhang **111**

Die Autoren **121**

Abbildungsverzeichnis

Abbildung 1: Ziele von Messen   24

Abbildung 2: Messe im Kommunikationsmix   30

Abbildung 3: Kommunikationsprozesse   33

Abbildung 4: Formen der integrierten Kommunikation   36

Abbildung 5: Kano-Modell   44

Abbildung 6: Merkmale des Mobile Marketing   49

Abbildung 7: Ziele des Mobile Marketing   53

Abbildung 8: QR-Code   59

Abbildung 9: Push- und Pulldienste   65

Abbildung 10: Opt-In-Verfahren   66

Abbildung 11: Mobile-Marketing-Mix   67

Abbildung 12: Kommunikationsportfolio   79

Abbildung 13: Zeitkritische Besucherbetreuung   82

Abbildung 14: Codebasierte Gewinn-Kampagne   85

Abbildung 15: Gutschein-Kampagne   86

Abbildung 16: Mobile Content-Kampagne   87

Abbildung 17: Virale Kampagne   88

Abbildung 18: Mobile Dienste im mCRM   89

Abbildung 19: Wertschöpfungskette   96

Abbildung 20: Verteilung der Mobile Marketing Formate   98

Abbildung 21: Image bei Nutzung mobiler Kanäle   100

Abbildung 22: Funktionen der mobilen Endgeräte   102

Abkürzungsverzeichnis

AUMA	Ausstellungs- und Messeausschuss der deutschen Wirtschaft
B2B	Business to Business
B2C	Business to Consumer
DVB-H	Digital Video Broadcasting - Handhelds
DVB-T	Digital Video Broadcasting - Terrestrial
GPRS	General Packet Radio Service
GPS	Global Positioning System
IrDA	Infrared Data Association
MMS	Multimedia Messaging Service
NFC	Near Field Communication
PDA	Personal Digital Assistant
QR	Quick Response
RFID	Radio Frequency Identification
SIM	Subscriber Identity Module
SMS	Short Message Service
UMTS	Universal Mobile Telecommunications System
URL	Uniform Resource Locator
WAP	Wireless Application Protocol

1 Einleitung

Ein Begriff hat die letzte Zeit ganz besonders geprägt: Wirtschaftskrise. Unternehmen sind gezwungen ihre Investitionen zu überdenken und an vielen Stellen Einsparungen vorzunehmen. Innerhalb der Live-Kommunikation sind Budgetkürzungen allerdings nur indirekt zu beobachten, es gibt – das bestätigen auch alle diesbezüglichen Umfragen – qualitative Umschichtungen. Daher kann man auch nicht von einer Messekrise sprechen, da vor allem die überregional durchgeführten Messen relativ stabil und erfolgreich sind, auch im Vergleich zu anderen, alternativen Kommunikationsmaßnahmen.

Messen bleiben das wichtigste Marketinginstrument innerhalb der Unternehmenskommunikation. Das geht unter anderem aus der Bilanz des Ausstellungs- und Messe-Ausschusses der Deutschen Wirtschaft hervor. Doch sowohl Messeaussteller als auch Messebesucher hinterfragen immer kritischer den eigenen Messebesuch bzw. die Messeteilnahme. Was kann, mit Blick auf den notwendigen Erfolg einer Messebeteiligung, insbesondere der Aussteller noch mehr tun, um „seine" Besucher zu aktivieren?

Mit dem Mobile Marketing bildet sich ein weiteres und sehr modernes Marketinginstrument heraus, an welches generell hohe Erwartungen gestellt, aber bislang nicht erfüllt werden konnten. Spätestens mit der Einführung des iPhone von Apple wurde deutlich, dass Mobiltelefone wesentlich mehr können als nur telefonieren. Ganz im Gegenteil zu bisherigen Technologien tritt das Telefonieren sogar teilweise in den Hintergrund. Sowohl Schüler und Studenten als auch Manager nutzen das Mobiltelefon als persönlichen Assistenten, verwalten Termine und Kontakte, vertreiben sich die Zeit mit Unterhaltungsfunktionen oder bearbeiten E-Mails von unterwegs.

Untersuchungen zeigen dabei, dass diese multi-medialen und für vielfältige Anwendungen geeigneten mobilen Endgeräte nicht durch eine spezifische Altersgruppe determiniert werden. Es ist fast schon ein Phänomen, dass von Jung bis Alt solche „Mobil Devices" angeschafft und mit unterschiedlichen Anwendungs-Schwerpunkten genutzt werden. Es besteht somit keine Beschränkung auf die Generation Y. Elektronische Geräte wie Blackberry und iPhone sind inzwischen eine Massenerscheinung.

Der technische Fortschritt verbindet immer handlichere Geräte mit einem weiter steigenden Funktionsumfang. Diese Innovationen auf dem mobilen Sektor lassen auch die Nutzung, Verbreitung und, damit einhergehend, die Bedeutung von Mobile Marketing stetig wachsen. Doch wie kann ein Aussteller das neuartige Instrument nutzen? Gibt es Synergien um die Ziele einer Messebeteiligung zu erreichen? Die Antworten auf diese Fragen soll dieses Buch liefern.

Die grundlegenden Trends und Einflussfaktoren in der Messewirtschaft werden kurz skizziert und zukünftige Anforderungen an das Messemarketing dargestellt, der Begriff Mobile Marketing abgegrenzt und hinsichtlich seiner Eignung zur Befriedigung zukünftiger Anforderungen beurteilt.

Mobile Marketing im Kontext von Messebeteiligungen ist nicht neu, aber noch jung. Dieses Thema als Aussteller bzw. Messeverantwortlicher aufzugreifen bedeutet Pionierarbeit. Die Idee existiert, die Technologien sind vorhanden, erste mehr experimentelle Anwendungen sind den Autoren bekannt. Dennoch liegen keine belastbaren Erfahrungswerte oder umfassenden Fallstudien vor und Mobile Marketing wurde noch nicht unter dem Gesichtspunkt von Nutzen oder ROI „gerechnet". Die Angebotsseite, z.B. Agenturen, die Mobile Marketing Konzepte in der Schublade haben, klagt nach wie vor über fehlende Nachfrage. Alle diese Parameter sprechen für eine Chance, die sich mit Mobile Marketing bietet - mit unter den ersten zu sein, im Sinne klassischer Modelle „First Mover Advantage" anzuwenden.

1.1 Zielsetzung

Dieses Buch verfolgt mehrere Ziele. Zum einen sollen die grundlegenden Trends und Einflussfaktoren in der Messewirtschaft betrachtet und zukünftige Anforderungen an das Messemarketing dargestellt werden. Das erfordert unter anderem eine Einordnung, um die Ergebnisse gezielt erarbeiten zu können.

Gleichzeitig soll der Begriff Mobile Marketing aufgenommen, erläutert, abgegrenzt und definitorisch in das Messemarketing integriert werden. Ebenso soll überprüft werden, ob Mobile Marketing dazu in der Lage ist, die zukünftigen Anforderungen an das Messemarketing der Aussteller zu erfüllen und falls ja, in welchem Maße.

Die im Laufe der Ausarbeitung gewonnenen Erkenntnisse sollen durch eine Umfrage erweitert und überprüft werden und damit einen praktischen Bezug herstellen. Die Umfrage soll ergänzend dazu beitragen, die aktuelle und auch zukünftige Bedeutung des Mobile Marketing als integriertes Kommunikationsinstrument im Messemarketing der Aussteller darzustellen. Daneben finden auch vereinzelte Beispiele oder Fallstudien ihren Platz und ergänzen ebenfalls die Theorie mit der Praxis.

1.2 Aufbau

Das folgende Kapitel 2 beschreibt die theoretischen Grundlagen in Bezug auf die Messewirtschaft bzw. das Messemarketing. Dazu gehört neben einer Definition auch die Entwicklung und Bedeutung der Messewirtschaft, sowie eine Darstellung der Entwicklungstendenzen auf diesem Gebiet.

Im Anschluss daran wird, in Kapitel 3, das Messemarketing in seiner Eigenschaft als Teil des Marketing-Mix beschrieben und die Bedeutung der Messen im Gegensatz zu anderen Marketinginstrumenten erläutert.

Kapitel 4 zeigt dann die Bedeutung und Notwendigkeit einer integrierten Unternehmenskommunikation auf. Dazu wird, neben den Formen und Beziehungen von Kommunikationsinstrumenten, auch der Kommunikationsprozess selbst herangezogen.

Im Fokus der Betrachtung stehen nicht nur die Besucher; im folgenden Kapitel 5 wird daher beschrieben, welche Anforderungen sich speziell für die Aussteller ergeben.

Im sechsten Kapitel wird Mobil Marketing als neue Form der Kommunikation vorgestellt und erläutert sowie hinsichtlich seiner Merkmale und Ziele beschrieben.

Im anschließenden Kapitel 7 werden die Möglichkeiten und Formen des Mobile Marketing sowie einige Eigenheiten zusammengestellt. Daneben werden Entwicklungen und Dimensionen skizziert. Ein Abschnitt über Permission Marketing schließt diesen thematischen Teil ab.

Kapitel 8 geht auf den Mobile Marketing-Mix ein, der sich aufgrund dieser neuen Möglichkeiten im Marketing ergibt. Wie auch im klassischen Marketing-Mix findet man hier die „4 P's" vor, die allerdings durch weitere „P's" ergänzt werden.

Damit wird die Umsetzbarkeit der integrierten Unternehmenskommunikation im folgenden neunten Kapitel überprüft und sowohl das Synergie- als auch das Gefahrenpotenzial aufgezeigt.

Die Umsetzungsmöglichkeiten der theoretischen Erkenntnisse und die daraus ableitbaren Folgerungen für das Messemarketing werden in Kapitel 10 beschrieben. Neben einer Analyse der Möglichkeiten, Mobile Marketing in die Ziele der Messen einzubringen, geht dieser Themenblock des Buches auf weitere Formen ein, die sich vor allem während der Messe anbieten.

Eine Umfrage, deren Ergebnisse in Kapitel 11 zu finden sind, zeigt die momentane Bedeutung von Mobile Marketing bei Messen, beleuchtet das Verhalten der Messebesucher in Bezug auf das mobile Medium und liefert Erkenntnisse über das zukünftige Potential des Mobile Marketing als Kommunikationsinstrument.

Das Buch schließt mit einem Fazit im zwölften Kapitel.

2 Theoretische Grundlagen

2.1 Definition Messe

Eine allgemein gültige Definition des Begriffes Messe existiert nicht. Der AUMA[1] definiert das Wort Messe als „zeitlich begrenzte, wiederkehrende Marktveranstaltungen, auf denen - bei vorrangiger Ansprache von Fachbesuchern - eine Vielzahl von Unternehmen das wesentliche Angebot eines oder mehrerer Wirtschaftszweige ausstellt und überwiegend nach Muster an gewerbliche Abnehmer vertreibt".[2] Ausstellungen hingegen sind „zeitlich begrenzte Marktveranstaltungen, auf denen eine Vielzahl von Unternehmen - bei vorrangiger Ansprache des allgemeinen Publikums - das repräsentative Angebot eines oder mehrerer Wirtschaftszweige ausstellt und vertreibt oder über dieses Angebot zum Zwecke der Absatzförderung informiert".[3]

Der Unterschied zwischen Messe und Ausstellung liegt also in der Konzentration auf die jeweiligen Besucher. Man spricht einerseits von Fachmessen, während eine Ausstellung eher als Verbrauchermesse bezeichnet wird und sich an den Endkunden richtet. Diese Terminologie wird allerdings weitgehend willkürlich gehandhabt.[4] In diesen Ausführungen wird mit dem Begriff Messe in den meisten Fällen jedoch die Ausstellung bzw. die Verbrauchermesse bezeichnet. Jedoch können Ergebnisse genauso im Bereich der Fachmessen angewandt werden.

2.2 Entwicklung und Bedeutung der Messewirtschaft

Die Geschichte der Messewirtschaft geht bis in das Mittelalter zurück. Dabei versteht man unter dem Begriff Messe die Märkte des Mittelalters, die oft im Anschluss an Kirchenfeste stattfanden. Im 12. und 13. Jahrhundert zeichnen sich in Europa langsam zahlreiche Messeorte und Handelszentren ab, nachdem es nur im damaligen Fränkischen Reich und den angrenzenden Regionen vereinzelte größere Waren-

---

[1]   Ausstellungs- und Messeausschuss der Deutschen Wirtschaft e. V.
[2]   AUMA, 1996, S.1
[3]   ebenda, S.1
[4]   vgl. Arnold, 2003, S. 5

märkte gegeben hat. Im Zeitraum zwischen dem 14. und 18. Jahrhundert erhält das Messewesen eine zunehmend wirtschaftlich bedeutende Stellung und erstreckt sich über ganz Europa. Im Zentrum gelegene Orte werden zu großen Messestädten, v. a. Frankfurt und Leipzig.[5]

Handelt es sich bis zu diesem Zeitpunkt fast ausschließlich um Warenmessen, so ist im 19. und 20. Jahrhundert ein Wandel hin zu Muster- und Branchenmessen zu erkennen. Die Verbesserung der Infrastruktur durch die Einführung der Eisenbahn, aber auch die Entwicklung der Serienproduktion unterstützen weitgehend diesen Umbruch.[6] Die Aufgabe war, „den Warenverkehr zwischen Produzenten und Abnehmer effizient und damit direkt zu organisieren".[7] Das moderne Messewesen hat seinen Ursprung demnach mit der ersten Leipziger Mustermesse 1895.

Der Aussteller als Produzent muss daher den Besucher als Abnehmer effizient ansprechen. Dies geschieht hauptsächlich über die Kommunikation innerhalb des Messemarketings, auf die in Kapitel 3.1 näher eingegangen wird.

Das Messewesen in Deutschland hat global eine überragende Stellung. Jährlich werden etwa 150 internationale Messen und Ausstellungen mit bis zu 170.000 Ausstellern und 9 bis 10 Mio. Besuchern durchgeführt. Das entspricht in etwa 2/3 aller global führenden Messen weltweit. Hinzu kommen als Ergänzung regionale Fach- und Verbraucherausstellungen.[8]

Insgesamt bieten Messen und Ausstellungen in Deutschland eine Plattform für deutlich über 200.000 Aussteller und 16 bis 18 Mio. Besucher. Die Bedeutung der Messen wird von den meisten Unternehmen weiterhin als unverändert wichtig angesehen.[9] Das zeigt sich auch, wenn man den Anteil der Messen am gesamten Kommunikationsetat misst. Dieser lag in den vergangenen Jahren bei rund 40%.[10]

---

[5] vgl. Rodekamp, 2003, S. 7
[6] vgl. Arnold, 2003, S. 3
[7] Rodekamp, 2003, S. 12
[8] vgl. AUMA, 2007a, S. 4
[9] vgl. AUMA, 2007b, S. 7
[10] vgl. ebenda, S. 19

2.3 Ziele von Messen

Messen verfolgen zahlreiche Ziele, die im Vorfeld vom ausstellenden Unternehmen nach Möglichkeit messbar festgelegt werden. Nur dadurch ist auch eine ausreichende Erfolgskontrolle der Messebeteiligung möglich. Diese Erfolgskontrolle beurteilt sowohl die realisierten Wirkungen anhand der vorgegebenen Ziele (Effektivität) als auch die Wirtschaftlichkeit unter Einbeziehung alternativer Budgetverwendung (Effizienz).[11] Ziel und Zweck ist es somit, die Wirksamkeit der Messe zu beurteilen und den erforderlichen Aufwand mit alternativen Verwendungsmöglichkeiten zu vergleichen.

Huckemann, Seiler und ter Weiler gliedern die Hauptziele folgendermaßen und geben eine Empfehlung hinsichtlich der Beurteilung für die vorzunehmende Erfolgskontrolle.

---

[11]   vgl. Lasslop et al., 2007, S.119

Hauptziel	Beurteilungskriterien
Verkaufsanbahnung, Nachmessegeschäft	• Zahl der qualifizierten Angebote • Anzahl des abgegebenen Informationsmaterials • Zahl der in Aussicht stehenden Aufträge ab …€
Verkaufsabschlüsse	• Zahl der Aufträge • Anzahl der verkauften Produkte / DL • Höhe des direkten Messeumsatzes
Vorstellung von Neuheiten, Testen der technischen und kaufmännischen Akzeptanz	• Erinnerung auf und nach der Messe • Anzahl der Standbesucher / Fachbesucher • Verhalten und Urteile der Kunden
Erschließung neuer Märkte, Potentialerweiterung	• Betriebs- und Branchenzugehörigkeit der Standbesucher
Kontaktpflege mit bestehenden Kunden	• Kundenfrequenz • Anzahl der eingeladenen Kunden am Stand
Gewinnung von Neukunden	• Anzahl der Aufträge von Neukunden • Anzahl und Gewichtung der eingeladenen Interessenten
Konkurrenzbeobachtung	• Merkmale und Verhalten der Konkurrenz • Interesse der Besucher an der Konkurrenzpräsentation
Erkennen von Trends	• klassifizierte Dokumentation und Manöverkritik

Abbildung 1: Ziele von Messen
(Quelle: eigene Darstellung in Anlehnung an Huckemann et al., 2005, S.95)

Bei dieser Abbildung handelt es sich um eine Zusammenfassung möglicher Ziele einer Messebeteiligung. Jedes ausstellende Unternehmen muss gemäß der Marketingstrategie für sich selbst die Auswahl und jeweilige Wertigkeit dieser Ziele festlegen, gegebenenfalls auch von Messebeteiligung zu Messebeteiligung variierend. Allerdings gibt die Abbildung einen guten allgemeinen Überblick über die Möglichkeiten, die eine Messebeteiligung bieten kann.

2.4 Trends in der Messewirtschaft und im Messemarketing

Zukünftig werden nicht nur die Messeaussteller, sondern auch die Messebesucher den Aufwand einer Messebeteiligung bzw. eines Messebesuches vermehrt hinterfragen. Über Produktneuheiten oder sogar Dienstleistungen kann sich der potentielle Messebesucher mittlerweile auch bequem von zuhause aus informieren. Daher gilt es ihn – notwendigerweise mit weiteren, zusätzlichen Argumenten – für einen Besuch zu begeistern. Studien, unter anderem auch der Karlshochschule International University, zeigen, dass sich die „Generation Y" über eine ausgeprägte Affinität zu Social Communities definiert, in dieses Umfeld auch Prozesse der Kommunikation und Informationsgewinnung verlagert und daher neue Motivationen für den Besuch einer Messe entwickelt werden müssen.

Für die Entwicklung der Messewirtschaft und somit auch für das darauf bezogene Messemarketing sind einige Trends und Einflussfaktoren zu berücksichtigen.[12]

Kommunikationsbedürfnisse und auch das Kommunikationsverhalten werden sich stark verändern. Durch technische Neuerungen kann die persönliche Kommunikation durch virtuelle Kommunikation ergänzt, aber nicht ersetzt werden. Trotz, oder vielleicht gerade wegen der Virtualisierung wird das Bedürfnis an persönlicher Kommunikation weiter steigen, allerdings in Verbindung mit virtuellen Realitäten. Hierbei kann es sich beispielsweise um einen Online-Messeauftritt handeln oder um eine auf die Messe bezogene Webseite.

Diese Verbindung muss selbstverständlich in die Kommunikationspolitik des ausstellenden Unternehmens eingegliedert werden. Immer wichtiger wird damit auch die Schaffung einer integrierten Unterneh-

---

[12] vgl. im Folgenden Kreutzer, 2007, S. 81

menskommunikation über verschiedene Medien und Erscheinungsbereiche des Unternehmens hinweg. Durch die steigende Anzahl der Medien und deren Relevanz für das Marketing vergrößert sich ebenso natürlich auch das Spannungsfeld zwischen der Informationsüberlastung einerseits und dem hohen Informationsbedürfnis der Besucher andererseits.

Um daher die Messen so effizient wie möglich zu gestalten, streben sowohl die Besucher als auch die Aussteller nach intelligenten Systemen. Der Wunsch besteht, aktuelle technische Möglichkeiten zu nutzen, um die Messeteilnahme möglichst wirksam zu gestalten – Wirksamkeit im Kontext aller Messeziele. Dies wird oftmals auch mit der Einbindung von Events versucht. Daher ist als weiterer Trend die Emotionalisierung zu sehen. Messen werden mehr und mehr zu einem Erlebnisevent mit dem Ziel, die Anforderungen der Besucher einer „Experience Economy" zu erfüllen.

Neben diesen internen Entwicklungen werden auch gesamtwirtschaftliche Veränderungen auf internationaler Ebene Auswirkungen auf die zukünftige Messewirtschaft haben. Dazu zählt sowohl die globale wirtschaftliche Entwicklung, wie beispielsweise in China oder im Mittleren Osten, als auch die Schaffung bzw. der Abbau von Handelsschranken oder das Produzieren in internationalen Netzwerken.[13]

---

[13] vgl. AUMA, 2008, S. 9

Insgesamt können sechs wichtige Gruppen von Einflussfaktoren genannt werden. In der Reihenfolge ihrer Bedeutung sind dies:

1. die weltwirtschaftlichen Nachfrage- und Angebotsverlagerungen,

2. die Entwicklung des Kommunikationsverhalten in Geschäftsbeziehungen im B2B- und B2C-Bereich,

3. die Art und Weise der Profilierungs- und Wettbewerbsstrategien von Messegesellschaften,

4. der Einsatz neuer Technologien zur Effizienzsteigerung der Messebeteiligungen auf Aussteller- und Besucherseite,

5. die Entwicklung von Mobilitätsbarrieren und Krisen und

6. der Einfluss von Verbänden auf die Gestaltung von Messen.[14]

Auf einige dieser genannten Entwicklungstendenzen wird im weiteren Verlauf umfassender eingegangen.

---

[14] vgl. Kirchgeorg et al., 2007, S. 20 f.

3 Einordnung in den Marketing-Mix

3.1 Bedeutung der Kommunikation im Marketing-Mix

Nach Bruhn ist der Marketing-Mix eines Unternehmens der kombinierte und koordinierte Einsatz der Marketinginstrumente mit dem Ziel, durch eine harmonische Abstimmung der Instrumentenausprägungen die Unternehmens- und Marketingziele möglichst effizient zu erreichen.[15]

Bei den Marketinginstrumenten lassen sich unter anderem Produktpolitik, Preispolitik, Vertriebspolitik und Kommunikationspolitik unterscheiden.[16] Produkt- und Preispolitik richten sich auf die Leistungserstellung und legen das Leistungsprogramm fest. Die Kommunikationspolitik hingegen wird dafür eingesetzt, das Unternehmen und seine Leistungen den relevanten Zielgruppen der Kommunikation darzustellen. Diese Aufgabe der Leistungsdarstellung wird für den Unternehmenserfolg immer wichtiger und hat mittlerweile zu einem Kommunikationswettbewerb geführt. [17]

3.2 Einordnung des Messemarketings

So unterschiedlich wie die Definition des Begriffs Messe ist auch die Einordnung des Messemarketings. Messemarketing steht einerseits für das Marketing von Messegesellschaften als gesamtverantwortliche Organisatoren oder Flächenvermieter, andererseits aber auch für den Einsatz von Messen als Marketinginstrument im Rahmen des Marketing-Mix der Aussteller.[18]

Eine Messe selbst kann als eigenständiges Marketinginstrument gesehen werden.[19] Diese eigenständige Klassifizierung begründet sich durch den Charakter von Messen ein „Konzentrat des Marktes"[20] zu

---

[15] vgl. Bruhn, 2005, S.44
[16] für eine genaue Definition siehe Kapitel 8
[17] vgl. Bruhn, 2001, S. 201 f.
[18] vgl. Kirchgeorg; Klante, 2003, S. 367
[19] vgl. Selinski; Sperling, 1995, S. 96
[20] vgl. Meffert, 2000, S. 741 f.

sein und den kompletten Marketing-Mix mit produktpolitischen, preis-politischen, distributionspolitischen und kommunikationspolitischen Maßnahmen auf engstem Raum zu vereinen.

Oftmals werden Messen und Ausstellungen aber auch schwerpunkt-mäßig den kommunikationspolitischen Instrumenten zugeordnet.[21] Dieser Ansatz setzt sich bei Unternehmen immer mehr durch und wird daher auch hier aufgeführt.

Die Messe wird somit in den gesamten Kommunikationsmix des Un-ternehmens integriert, erweitert durch einen eigenen Sub-Mix. Dies wird durch die folgende Abbildung veranschaulicht.

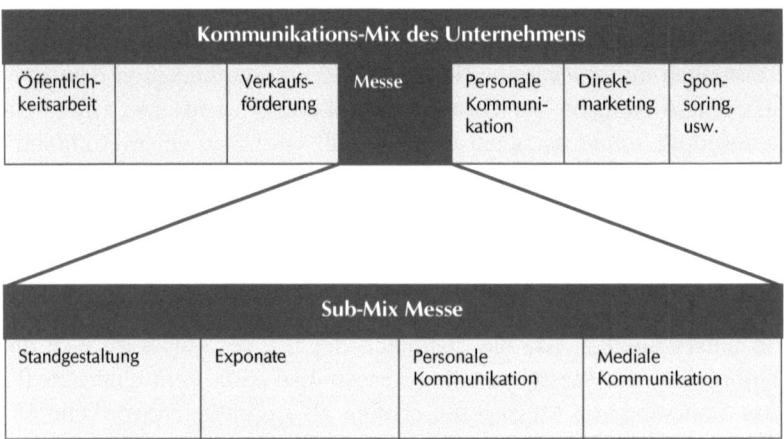

Abbildung 2: Messe im Kommunikationsmix
(Quelle: eigene Darstellung in Anlehnung an Fuchs, 2007, S.292)

Der Sub-Mix wird in die Standgestaltung, die Exponate, die personale Kommunikation und die mediale Kommunikation unterteilt. Gerade die mediale Kommunikation gewinnt immer mehr an Bedeutung.

---

[21] vgl. ebenda, S. 685

3.3 Stellung von Messen in der Kommunikationspolitik

Messen und Ausstellungen werden innerhalb der Kommunikationspolitik von Unternehmen ein wachsender Stellenwert zugeschrieben.[22] In den letzten Jahren ist die Bedeutung von Messen im Kommunikationsmix weiter gestiegen. Mittlerweile betrachten 82% der deutschen Aussteller Messen als wichtig oder sehr wichtig in ihren Kommunikationsmaßnahmen.[23]

Analog zu den Messezielen und Trends[24] bieten Messen im Vergleich zu anderen Instrumenten der Kommunikationspolitik zusammengefasst zahlreiche Vorteile[25] und rechtfertigen damit ihre Ausnahmestellung. So ist ein direkter persönlicher Kontakt möglich, der wie in Kapitel 2.2 angeführt, immer wichtiger für beide Parteien wird. Damit können Geschäftsabschlüsse vorbereitet und durchgeführt werden. Darüber hinaus ist die Pflege und der Ausbau von Geschäftsbeziehungen möglich. Aufgrund der Eigenschaft von Messen ein „Konzentrat des Marktes" zu sein[26], kann sich das ausstellende Unternehmen durch erhöhte Informationsgewinnung leicht im Wettbewerbsumfeld positionieren. Ebenfalls kann Messen durch die Möglichkeit der Ergänzung von Events, ein hoher Ereignischarakter zugesprochen werden. Dadurch und durch die Integration weiterer Kommunikationsinstrumente, können Verkaufsförderungsprogramme, gezielte Öffentlichkeitsarbeit und somit auch eine effektive Imagepflege und -gestaltung betrieben werden.

---

[22] vgl. Bruhn, 2005, S. 958
[23] vgl. http://www.famab.de/famab/branchendaten/branchendaten.html
[24] vgl. Kapitel 2.3 bzw. 2.4
[25] vgl. im Folgenden Fuchs, 2006, S. 6 f.
[26] vgl. Kapitel 2.4

4 Integrierte Unternehmenskommunikation

4.1 Kommunikationsprozess

Der Begriff Kommunikation wird als interaktiver Dialog zwischen Unternehmen und Kunden definiert, der sich nicht nur auf die Phase des Kaufs beschränkt, sondern auch die Vor- und Nachkaufphase einschließt. Aufgrund der neuen elektronischen Medien beinhaltet Kommunikation nicht nur das Ansprechen der Kunden durch das Unternehmen, sondern auch die Möglichkeit der Kunden das Unternehmen möglichst einfach zu erreichen.[27]

Der Kommunikationsprozess kann in Anlehnung an die Lasswell-Formel beschrieben werden. Aus der Frage „Wer sagt was über welchen Kanal zu wem mit welcher Auswirkung" wird folgender Ablauf der Kommunikationsvorgänge abgeleitet.

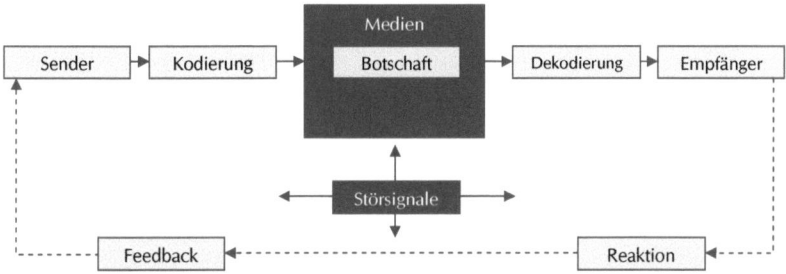

Abbildung 3: Kommunikationsprozess
(Quelle: eigene Darstellung in Anlehnung an Kotler, 2007, S.850)

In diesem Prozess kommuniziert der Sender eine Botschaft an den Empfänger. Der Sender verschlüsselt sein Gedankengut in eine durch Medien übertragbare symbolische Repräsentation, die über ausgewählte Kommunikationswege zum Empfänger gelangt. Dieser ordnet den Symbolen bestimmte Bedeutungen zu und interpretiert die Botschaft. Daraus folgt eine Reaktion, die teilweise, etwa durch Marktforschung, als Feedback an den Sender übermittelt wird. Im Idealfall kodiert der

---

[27] vgl. Kotler, 2006, S. 884

Sender seine Botschaften so, dass der Empfänger sie problemlos dekodieren kann.[28]

Störsignale, hervorgerufen durch die Überflutung von kommerziellen und anderen Botschaften, können diesen Vorgang erschweren. Unterschieden werden drei Gründe für Störungen:

o   bei der selektiven Wahrnehmung werden nicht alle übermittelten Reize wahrgenommen;

o   bei der selektiven Verzerrung wird die Botschaft den eigenen Bedürfnissen angepasst;

o   bei der selektiven Erinnerung wird nur ein kleiner Teil der Botschaft gespeichert.[29]

---

[28]   vgl. Kotler, 2007, S. 855 f.
[29]   vgl. Kotler, 2006, S. 885

4.2 Notwendigkeit der integrierten Unternehmenskommunikation

Die heutige Zeit ist geprägt durch eine Informationsüberlastung der Konsumenten, eine dynamische Entwicklung in den Medien- und Kommunikationsmärkten, sowie durch ein abnehmendes Interesse an klassischen Kommunikationsinstrumenten. Nur durch eine konsequente Integration der Instrumente des Kommunikationsmix kann die Wahrnehmungs- und Erinnerungsfunktion der Zielgruppe erreicht werden.[30] Ziel ist es, „aus den differenzierten Quellen der internen und externen Kommunikation ein für die Zielgruppen der Unternehmenskommunikation konsistentes Erscheinungsbild über das Unternehmen zu vermitteln".[31]

Der klassische Produktwettbewerb wird um einen Kommunikationswettbewerb ergänzt. Diese intensiven Integrationsbemühungen werden u.a. auch im Rahmen des Einsatzes neuer Kommunikationsinstrumente erforderlich, die neue Dialogmöglichkeiten bieten und in den vergangenen Jahren die traditionellen Instrumente teilweise ergänzt, aber auch bereits substituiert haben.[32] Unternehmen sind gezwungen, sich mit den neuen technologischen Möglichkeiten zumindest auseinanderzusetzen und zu prüfen, ob relevante Zielgruppen mit neuen Instrumenten angesprochen werden können. Auch hier wird der einheitlichen Kommunikationspolitik eine wichtige Bedeutung zugesprochen. Das Konzept der integrierten Unternehmenskommunikation wird auch im Messemarketing als wichtiger Entwicklungstrend gesehen.

---

[30] vgl. Bruhn, 2005, S. V
[31] Bruhn, 2001, S. 245
[32] vgl. Bruhn, 2006, S. 1 ff.

35

4.3 Formen der integrierten Unternehmenskommunikation

Innerhalb der integrierten Unternehmenskommunikation ist eine Unterscheidung zwischen inhaltlicher, formaler und zeitlicher Integration von Kommunikationsaktivitäten notwendig.[33] Die folgende Abbildung bietet einen ersten Überblick über die verschiedenen Formen, die in den nachfolgenden Kapiteln detaillierter ausgeführt werden.

Formen		Gegen-stand	Ziele	Hilfsmittel	Zeit-horizont
Inhaltliche Integration	Funktional	Thematische Abstimmung durch Verbindungslinien	Konsistenz, Eigenständigkeit, Kongruenz	Einheitliche Slogans, Botschaften, Argumente, Bilder	langfristig
	Instrumental				
	Horizontal				
	Vertikal				
Formale Integration		Einhaltung formaler Gestaltungsprinzipien	Präsenz, Prägnanz, Klarheit	Einheitliche Zeichen bzw. Logos, Slogans nach Schrifttyp, Größe und Farbe	mittel- bis langfristig
Zeitliche Integration		Abstimmung innerhalb und zwischen Planungsperioden	Konsistenz, Kontinuität	Ereignisplanung („Timing")	kurz- bis mittelfristig

Abbildung 4: Formen der integrierten Kommunikation

(Quelle: eigene Darstellung in Anlehnung an Bruhn, 1995, S. 47)

---

[33] vgl. Bruhn, 2001, S. 246 f.

Inhaltliche Integration

Die inhaltliche Integration stellt den zentralen Schwerpunkt der integrierten Unternehmenskommunikation dar. Die Kommunikationsmaßnahmen müssen thematisch miteinander verbunden werden, um die strategische Positionierung in der Kommunikation zu erreichen. Widersprüchliche Inhalte wirken sich äußerst negativ aus. Ebenso ist eine Vernetzung von Kommunikationsinstrumenten erforderlich. Durch einen abgestimmten Einsatz verschiedener Instrumente werden Synergiewirkungen bei den Rezipienten erreicht.[34] Innerhalb der inhaltlichen Integration wird weiterhin zwischen funktionaler, instrumentaler, horizontaler und vertikaler inhaltlicher Integration unterschieden.

Die instrumentelle Integration beschreibt die Absicht, die einzelnen Kommunikationsmaßnahmen und -instrumente miteinander zu verbinden und Wirkungsinterdependenzen zu erzeugen. Die horizontale Integration bezieht sich auf die Abstimmung sämtlicher Maßnahmen bezüglich einer bestimmten Marktstufe bzw. Zielgruppe, die vertikale Integration versucht dagegen die kommunikative Ansprache auf den verschiedenen Ebenen des Marktes zu realisieren. Die funktionale Integration ist schließlich die Betrachtung, in welchem Grad die verschiedenen Kommunikationsinstrumente bestimmte konsumenten- (z.B. Zielgruppenerweiterung, Kundenbindung), handels- (z.B. Produkteinführung) oder öffentlichkeitsbezogene Funktionen (z.B. Unternehmensdarstellung, Marktpflege) erfüllen.[35]

Formale Integration

Bei der formalen Integration werden für unterschiedliche Kommunikationsinstrumente einheitliche Gestaltungsprinzipien verwendet[36], um in Hinblick auf die zentralen Kommunikationsziele eine einheitliche Form des Erscheinungsbildes zu vermitteln.[37] Diese Vereinheitlichung erhöht die Wiedererkennbarkeit des Unternehmens oder der Marke und wird mit einheitlichen Logos bzw. Markenzeichen in definierter

---

[34] vgl. Bruhn, 2001, S. 247
[35] vgl. Meffert, 2000, S. 689
[36] vgl. ebenda, S. 689
[37] vgl. Bruhn, 2006, S. 69

Schriftart, -größe und auch -farbe realisiert. Oft existiert ein (CI- oder CD-)Handbuch, das den formalen Auftritt eines Unternehmens genau festlegt.[38] Die formalen Instrumente werden hier bis ins Detail beschrieben, um das Ziel einer dauerhaften Verinnerlichung bei der Zielgruppe zu erreichen.

Zeitliche Integration

Die zeitliche Integration versucht den Einsatz sämtlicher Kommunikationsinstrumente und -mittel innerhalb, sowie zwischen verschiedenen Planungsperioden aufeinander abzustimmen.[39] Ziel ist es, eine Verstärkung der Wirkung einzelner Kommunikationsinstrumente zu erreichen und die zeitliche Kontinuität im kommunikativen Auftritt des Unternehmens zu sichern.[40]

Diese drei grundlegenden Formen werden von Kroeber-Riel mit der geographischen Abstimmung bzw. Integration erweitert. Diese ist vor allem dann notwendig, wenn Zielgruppen in mehreren geographischen Gebieten von einem eigenständigen Marketingmanagement bearbeitet werden.[41] Dieser Ansatz wird oftmals vernachlässigt und spielt auch in der Thematik dieser Publikation keine Rolle. Die integrierte Unternehmenskommunikation insgesamt ist nach Meffert mit dem Konzept der Corporate Communications (CC) als Bestandteil der Corporate Identity (CI) gleichzusetzen.[42]

---

[38] vgl. Bruhn, 2001, S. 247
[39] vgl. Bruhn, 2006, S. 72
[40] vgl. Bruhn, 2001, S. 247
[41] vgl. Kroeber-Riel, 2001, S. 670
[42] vgl. Meffert, 2000, S. 691

4.4 Beziehungen zwischen den Kommunikationsinstrumenten

Die Kommunikationsinstrumente müssen aufeinander abgestimmt und in den Kommunikationsmix integriert werden. Bruhn unterscheidet mögliche Beziehungen zwischen den Instrumenten in funktionaler, zeitlicher und hierarchischer Form.

Funktionale Beziehungen

Die funktionalen Beziehungen selbst können noch einmal unterteilt werden.[43] Bei komplementären Beziehungen unterstützen und ergänzen sich die Instrumente. Eine Botschaft wird von einem Instrument in den Mittelpunkt gestellt und von weiteren Kommunikationsinstrumenten unterstützt. Ein Instrument nimmt auf diese Weise oftmals eine Leit- oder Führungsfunktion ein.

Bei konditionalen Beziehungen setzt der Einsatz eines Instruments die Wirkung eines anderen voraus. Hierbei übernimmt ebenfalls oftmals ein Kommunikationsinstrument die Führungsfunktion. Diese Beziehung besteht in der Regel bei Kommunikationsaufgaben, die in einer zeitlichen oder sachlichen Abfolge eingesetzt werden.

Substituierende Beziehungen entstehen wenn ein Kommunikationsinstrument auch die Wirkung eines anderen erreichen kann. Es resultiert daraus ein Wettbewerb der Instrumente.

Innerhalb konkurrierender Beziehungen beeinflussen sich die Kommunikationsinstrumente auf negative Weise. Dieser Zustand entsteht wenn die einzelnen Instrumente nicht aufeinander abgestimmt sind und im ungünstigsten Fall widersprüchliche Inhalte vermitteln.

Bei indifferenten Beziehungen besteht zwischen den Instrumenten keine sachliche Verbindung. Dies ist zu erwarten wenn durch einzelne Maßnahmen unterschiedliche Zielgruppen angesprochen werden. Diese Möglichkeit tritt allerdings eher selten ein.

---

[43] vgl. im Folgenden Bruhn, 2005, S. 46 f.

Zeitliche Beziehungen

Auch die zeitlichen Beziehungen lassen sich noch einmal unterscheiden.

Parallele Beziehungen entstehen, wenn Instrumente gleichzeitig eingesetzt werden. Hier wird eine sorgfältige Planung vorausgesetzt.

Sukzessive Beziehungen dagegen erreichen ihre Wirkung aus zeitlich versetztem Einsatz.

Bei intermittierenden Beziehungen liegt ein phasenweiser Instrumenteneinsatz vor, der den durchlaufenden Einsatz eines anderen Instruments unterstützt.

Ablösende Beziehungen treten auf, wenn Marktreaktionen auf die Ablösung eines Instruments durch ein anderes zurückzuführen sind. Die Wertigkeit und Effizienz eines Kommunikationsinstrumentes spielt hier eine wichtige Rolle.[44]

Hierarchische Beziehungen

Hierarchische Beziehungen beschreiben die Existenz der Rangordnung zwischen den Instrumenten.[45] Allerdings ist es nicht möglich, generelle hierarchische Beziehungen zwischen den Kommunikationsinstrumenten festzulegen. Jede spezifische Situation und die damit verbundene kommunikative Aufgabenstellung erfordert einen individuellen Einsatz der Instrumente.[46] Trotzdem können zwei Typen unterschieden werden, strategische und taktische Instrumente.

---

[44] vgl. Fuchs, 2007, 156 f.
[45] vgl. Meffert, 2000, S. 973
[46] vgl. Fuchs, 2007, S. 157

Strategische Instrumente sind zwingend notwendig und besitzen einen konstitutiven Charakter. Der Einsatz erfolgt kontinuierlich und gibt einen Handlungsrahmen vor, an dem sich andere Instrumente orientieren.

Taktische Instrumente haben dagegen einen akzessorischen Charakter. Sie werden eingesetzt, um die Wirkung der strategischen Instrumente situativ zu unterstützen. Auf diese Weise kann eine flexible und schnelle Anpassung an temporäre Marktbedürfnisse erfolgen.[47]

---

[47] vgl. Bruhn, 2005, S. 48

5 Anforderungen an die Aussteller

5.1 Schaffung von Mehrwerten

Die Aussteller stehen aufgrund der Veränderungen in der Messeumwelt vor neuen Herausforderungen. Zu den bereits angeführten Anforderungen[48] muss der Aussteller dem Besucher einen Mehrwert bieten. Um dies zu erreichen, müssen die Anforderungen der Besucher allerdings bekannt sein. Kano hat 1984 eine Systematik entwickelt, um die Anforderungen mit der Kundenzufriedenheit in Relation zu setzen.[49] Es gibt, im Folgenden dargestellt, drei Ebenen, die die Anforderungen und die damit verbundene Kundenzufriedenheit aufzeigen:[50]

Eine Erfüllung von **Basisanforderungen** ist Voraussetzung. Sie werden als selbstverständlich vorausgesetzt und dringen oftmals nicht in das Bewusstsein des Kunden. Das Fehlen resultiert in Unzufriedenheit, das Vorhandensein wird hingenommen, ohne die Zufriedenheit zu beeinflussen.

Bei **Leistungsanforderungen** handelt es sich um grundlegende Anforderungen. Zwischen der Kundenzufriedenheit und dem Erfüllungsgrad der Anforderung besteht ein linearer Zusammenhang, d. h. bei exakter Erfüllung der Erwartung liegt die Zufriedenheit auf dem sogenannten Konfirmationsniveau. Werden die Erwartungen nicht erfüllt bzw. übertroffen, so liegt die Zufriedenheit unterhalb bzw. oberhalb des Konfirmationsniveaus. Somit wird die Kundenzufriedenheit direkt von dem Erfüllungsgrad der Erwartungen beeinflusst.

Begeisterungsanforderungen werden überraschend erfüllt und lösen Begeisterung aus. Da es für diesen Zusatznutzen keine spezifische Erwartung gibt, führt eine Nichterfüllung nicht zu Unzufriedenheit. Die Erfüllung wiederum führt hingegen dazu, dass die Zufriedenheit oberhalb des Konfirmationsniveaus liegt.[51]

---

[48] vgl. Kapitel 2.4
[49] vgl. Kreutzer, 2007, S. 87
[50] vgl. im Folgenden Hartmann, 2004, S. 59
[51] vgl. Homburg, 2006, S. 33 f.

Diese beschriebenen Zusammenhänge sind in Abbildung 5 dargestellt. In der Regel verschieben sich allerdings die Zugehörigkeiten der Leistungen im Zeitablauf, so dass sich Begeisterungsanforderungen zu Leistungsanforderungen und Leistungsanforderungen zu Basisanforderungen verändern. Dies geschieht aufgrund der Tatsache, dass Eigenschaften, die heute beim Kunden eine unerwartete Begeisterung auslösen, morgen bereits als normal betrachtet und vom Kunden erwartet werden. Damit verbunden ist auch ein Absinken der Kundenzufriedenheit über die Zeit, sofern keine neuen Mehrwerte geboten werden.[52] Die Aussteller sind somit gezwungen, ihre Kunden bzw. die Messebesucher immer wieder aufs Neue zu begeistern und die Anforderungen zu übertreffen.

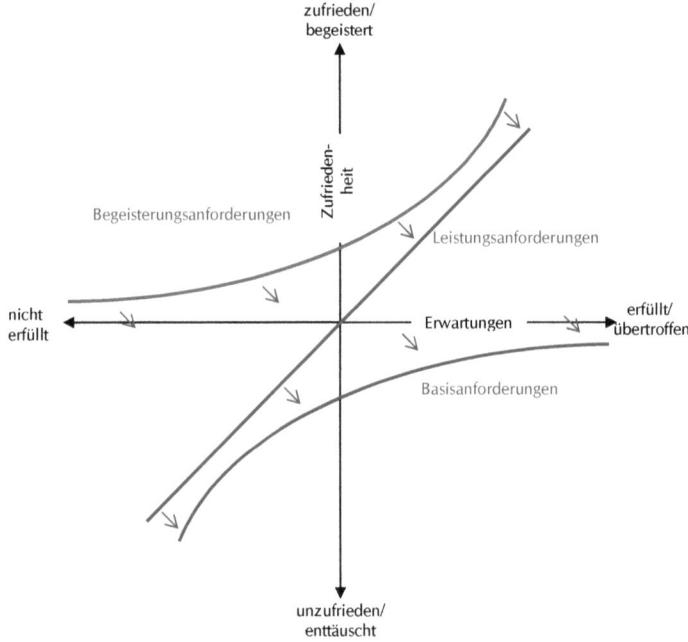

Abbildung 5: Kano-Modell

(Quelle: eigene Darstellung in Anlehnung an Homburg, 2006, S. 34)

[52] vgl. http://www.aifb.uni-karlsruhe.de/Forschungsgruppen/BIK/wi2007/papers/wi-2007-1-053.pdf

5.2 Zusammenfassung

Aus den vorangegangenen Kapiteln wird deutlich, dass das Messemarketing der Aussteller aufgrund der Veränderungen in der Messeumwelt vor neuen Herausforderungen steht. Es werden neuartige Formen des Marketings benötigt, die dem Kunden einen Mehrwert bieten und in die Marketingkommunikation integriert werden können. Gleichermaßen soll der hohe Informationsbedarf der Messebesucher und der Wunsch nach persönlicher Kommunikation effizient abgedeckt werden.[53] Es müssen demnach neue technologische Konzepte mit einem kundenorientierten Messemarketing verbunden werden und nach Möglichkeit einen direkten Rückkanal bieten. [54]

Diese gestellten Anforderungen können durch das Mobile Marketing erfüllt werden, auf das in den nächsten Kapiteln eingegangen wird.

---

[53] vgl. Kapitel 2.4
[54] vgl. Kreutzer, 2007, 77 ff.

6 Mobile Marketing

6.1 Definition Mobile Marketing

Der Begriff Mobile Marketing ist relativ neu und noch in einer Phase der Beschreibung, Erläuterung und Zuordnung. Daher existieren in der Literatur mehrere Definitionsansätze. Möhlenbruch und Schmieder definieren Mobile Marketing als die Planung, Durchführung und Kontrolle von Marketingaktivitäten bei der Nutzung von Technologien zur kabellosen Datenübertragung auf mobile Endgeräte im Rahmen einer marktorientierten Unternehmensführung.[55] Gleichzeitig wird Mobile Marketing von anderen Autoren aber auch als Synonym für Wireless Advertising benutzt und auf die Kommunikationskomponente im Marketing-Mix eingeschränkt.[56]

Für die folgenden Ausführungen wird Mobile Marketing als ein Kommunikationsinstrument innerhalb des Marketing-Mix definiert, um das Unternehmen selbst und dessen Leistungen den relevanten Zielgruppen über mobile Kanäle darzustellen.[57]

6.2 Merkmale des Mobile Marketing

Im Vergleich zu den klassischen Kommunikationsinstrumenten besitzt Mobile Marketing einige zentrale Merkmale, die neue Möglichkeiten der Kommunikation zulassen.[58] Das mobile Medium hat mittlerweile über 107 Mio. Anschlüsse in Deutschland,[59] besitzt somit eine höhere Verbreitung als das Fernsehen und übertrifft die Zahl der aktiven Internetnutzer deutlich. Die Penetrationsrate des Mobilfunks liegt bei über 130% und bietet damit für Marketingkampagnen auf den ersten Blick eine sehr hohe Reichweite.

---

[55] vgl. Möhlenbruch; Schmieder, 2002, S. 77
[56] vgl. Bauer et al., 2004, S. 4
[57] eigene Definition in Anlehnung an Bruhn; vgl. auch Kapitel 8.4
[58] vgl. im Folgenden Dufft, 2003, S. 12
[59] vgl. http://www.bundesnetzagentur.de/media/archive/15901.pdf

Das mobile Endgerät erlaubt bei hoher Reichweite ebenso eine personalisierte Ansprache. Durch die SIM-Karte[60] und die Rufnummer kann der Benutzer eindeutig identifiziert werden. Es entsteht ein Individualisierungspotenzial in Bezug auf Marketingaktivitäten, die effektiver eingesetzt werden können. Die Konsumenten erhalten ausschließlich Informationen, die sich an ihren persönlichen Interessen ausrichten. Damit reduzieren sich Streuverluste und Informationsüberlastung und gleichzeitig werden Akzeptanz und Beziehung in der Kommunikation gesteigert.[61]

Mittlerweile ist das Mobiltelefon zu einem ständigen Begleiter geworden und bleibt im Normalfall dauerhaft angeschaltet.[62] Im Gegensatz zum Internet oder klassischen Medien können die Nutzer somit jederzeit und an jedem Ort erreicht werden. Über Location Based Services[63] können Botschaften zudem u.a. orts- und zeitbezogen versandt werden.[64] Zobel unterscheidet hierbei vier Arten.[65] Bei einem lokalen Bezug ist die mobile Anwendung auf den Ort abgestimmt, an dem der Anwender sich befindet. Bei einem aktionsbezogenen Bezug werden bestimmte Aktivitäten verknüpft, wohingegen bei einem zeitspezifischen Kontext dynamische Daten, wie beispielsweise Tagesangebote, mit dem Ort verbunden werden. Der interessenspezifische Bezug spricht schließlich die Präferenzen des Nutzers an.

Die hohe Interaktivität kann als weiteres Merkmal gesehen werden. Der Empfänger kann überall und jederzeit auf Botschaften reagieren und interagieren.[66] Damit wird der Einfluss des Nutzers auf den Kommunikationsprozess erhöht und der Aufbau eines direkten Dialoges zwischen Sender und Empfänger ermöglicht.[67]

Als letztes zentrales Merkmal wird in diesem Zusammenhang die Emotionalisierung gesehen. Für die Nutzer stellt das Mobiltelefon einen integralen Bestandteil des Alltagslebens dar. Sie tragen es bei sich und haben ihr Gerät oft mit Klingeltönen oder Logos personalisiert. Diese

---

[60] Subscriber Identification Module
[61] vgl. Röttger-Gerigk, 2002, S. 23
[62] vgl. Hippel, 2005, S. 111
[63] vgl. Kapitel 7.2.4
[64] vgl. Dufft, 2003, S. 12
[65] vgl. im Folgenden Zobel, 2001, S. 50 ff.
[66] vgl. Dufft, 2003, S. 12
[67] vgl. Bauer, 2004, S. 5

emotionale Bindung kann genutzt werden, um auch eine emotionale Bindung zum Unternehmen oder einer Marke herzustellen bzw. zu stärken.[68]

Folgende Abbildung fasst die genannten zentralen Merkmale des Mobile Marketing noch einmal zusammen.

Abbildung 6: Merkmale des Mobile Marketing
(Quelle: eigene Darstellung in Anlehnung an Dufft, 2003, S. 12)

---

[68] vgl. Hippel, 2005, S. 113 f.

Gerade die Möglichkeiten der Personalisierung und Interaktivität erlauben es dem Mobile Marketing, über virale Effekte die Reichweite einer Kampagne noch zusätzlich zu erhöhen. In diesem Zusammenhang ist ein viraler Effekt die Weitersendung der Botschaft durch den Erstempfänger an weitere Empfänger. Dabei ist davon auszugehen, dass die Botschaft einen stärkeren Effekt erzielt, da sie von einem persönlich bekannten Sender ausgeht. Dadurch lässt sich nicht nur die Reichweite, sondern auch die Effektivität einer Kampagne erhöhen.[69]

6.3 Ziele des Mobile Marketing

Die Ziele des Mobile Marketing werden generell in vier Kategorien eingeteilt. Es wird zwischen Kundengewinnung und Verkauf, Kundenbindung und Kundenservice, Image- und Markenbildung, sowie Marktforschung und Adressgenerierung unterschieden.[70] Vergleicht man diese Ziele mit denen des Messemarketings, so wird man eine Deckung feststellen und ein Synergiepotenzial vermuten. Im Folgenden werden die unterschiedlichen Ziele ausgeführt, um einen Überblick zu erhalten. Daneben werden die Branchen genannt, die am erfolgreichsten für Mobile Marketing Kampagnen erscheinen.

Kundengewinnung und Verkauf

Mobile Marketing eignet sich sehr gut für eine Neukundengewinnung, da etwa Messebesucher mit diesem Profil in Situationen angesprochen werden können, in denen sie Botschaften des Unternehmens besondere Aufmerksamkeit und ein relativ hohes Interesse entgegen bringen.[71] Der Verkauf kann hingegen erhöht werden, indem der potentielle Käufer näher an das Produkt herangeführt bzw. in Form von Response Elementen in die Kaufhandlung integriert wird.[72]

---

[69]   vgl. Bauer, 2004, S. 6
[70]   vgl. Dufft, 2003, S. 27
[71]   vgl. Steimel et al., 2008, S. 33
[72]   vgl. Dufft, 2003, S. 28

Ziele der Kundengewinnung und des Verkaufs werden vor allem in drei Branchen erfüllt. Diese sind Konsumgüter im Bereich Ernährung, Finanzdienstleistungen und auch der Bereich Medien und Entertainment. Hier funktioniert Mobile Marketing im unteren und hohen Preissegment am besten, wohingegen der Einsatz im mittleren Preissegment die Erwartungen nicht erfüllen kann. Die Zielgruppe von 30 bis 39 Jahre eignet sich für die Kundengewinnung und den Verkauf am besten.[73]

Kundenbindung und Kundenservice

Der Einsatz von Mobile Marketing kann sich positiv auf die Kundenloyalität auswirken. Die richtigen mobilen Elemente werden als Mehrwert empfunden, ebenso ein umfassendes Angebot an Kontaktkanälen. Gleichzeitig kann durch Bereitstellung entsprechender Benutzeroberflächen ein neuartiger mobiler Kundendienst angeboten werden. Diese Oberflächen entsprechen denen des Internet, da diese erwartungskonforme Umgebung die Akzeptanz mobiler Kundenservices fördert.[74] Die Automotive-Branche kann am meisten von Mobile Marketing Maßnahmen profitieren. Insgesamt eignet sich der Einsatz in allen Preissegmenten, wobei vor allem Produkte im mittleren Preissegment hervorzuheben sind. Auch hier wird die Zielgruppe 30 bis 39 Jahre bevorzugt angesprochen.[75]

---

[73] vgl. Nitsche, 2006, S. 245 f.
[74] vgl. Steimel et al., 2008, S. 33
[75] vgl. Nitsche, 2006, S. 246 f.

Image- und Markenbildung

Mobile Marketing kann ebenso eingesetzt werden, um das Image eines Produktes oder einer Dienstleistung zu beeinflussen, die Identität einer Marke aufzubauen oder zu stärken und den Bekanntheitsgrad der Marke zu erhöhen.[76] Alleine schon die Bereitstellung des mobilen Mediums am Messestand beeinflusst das Image einer Marke positiv. Dies kann ein Unternehmen gerade bei jungen Zielgruppen sehr effektiv ausnutzen.[77]

Die besten Aussichten haben Unternehmen aus den Bereichen Automotive, Kommunikation, Finanzdienstleistungen, Reise und Transport sowie Konsumgüter im Bereich Ernährung. Wie oben erwähnt, ist hier die Zielgruppe 20 bis 29 Jahre hervorzuheben.[78]

Marktforschung und Adressgenerierung

Der mobile Kanal ist auch hervorragend für Marktforschung und Adressgenerierung nutzbar. Durch die Möglichkeit der Interaktion können Response- oder Transaktionsdaten ohne Zeitverzögerung aufbereitet und direkt ausgewertet bzw. zur Verfügung gestellt werden. Der Messebesucher kann ortsunabhängig an Umfragen teilnehmen oder Feedback geben, bei entsprechender Bereitstellung von Mehrwerten.[79]

Auch hier, so zeigen die bisherigen Untersuchungen, eignet sich der Einsatz bevorzugt im Bereich Automotive, ebenso in den Bereichen Reise und Transport und im Bereich der Konsumgüter Food und auch Non-Food. Als Alters- bzw. Zielgruppe sind 20 bis 29 Jährige am besten ansprechbar.[80]

---

[76] vgl. Dufft, 2003, S. 32
[77] vgl. Steimel et al., 2008, S. 33
[78] vgl. Nitsche, 2006, S. 247 f.
[79] vgl. Steimel et al., 2008, S. 33
[80] vgl. Nitsche, 2006, S. 248 f.

Folgende Abbildung veranschaulicht alle vier Zielkategorien des Mobile Marketing und nennt Möglichkeiten zur Erreichung der Ziele.

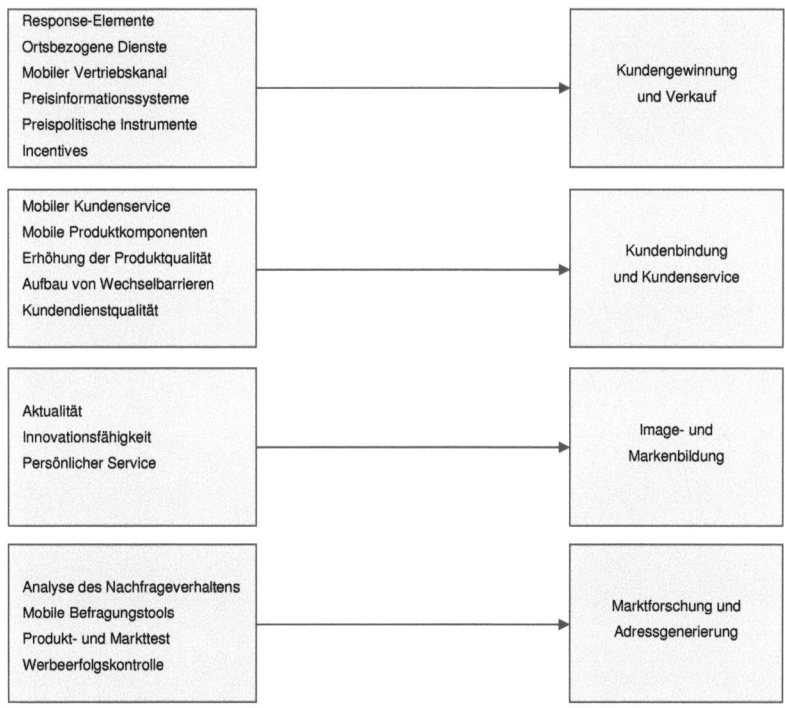

Abbildung 7: Ziele des Mobile Marketing
(Quelle: eigene Darstellung in Anlehnung an Dufft, 2003, S. 7)

Die Möglichkeiten und Formen des Mobile Marketing, die sich durch diese Ziele und Merkmale ergeben, werden im nächsten Kapitel dargestellt.

7 Möglichkeiten und Formen des Mobile Marketing

7.1 Mobile Endgeräte

Es wurde schon vereinzelt von mobilen Endgeräten gesprochen, die Voraussetzung für Mobile Marketing sind. Diese stellen die Schnittstelle zwischen mobilen Applikationen und Nutzern dar. Mobile Endgeräte zeichnen sich durch ihre geringe Größe und ihr geringes Gewicht aus und sind grundsätzlich frei von traditionell verkabelten Internetverbindungen. Mobile Endgeräte oder „Devices" sind u. a. Mobiltelefone (Handys), Smartphones oder Personal Digital Assistants (PDAs). PDAs sind Handheld-Computer, deren Kernfunktionalität als Organizer bezeichnet wird, wohingegen ein Smartphone (auch: Mobile Digital Assistant) ein Hybrid aus PDA und Mobiltelefon ist. Im weiteren Sinne können auch Notebooks in Verbindung mit der Möglichkeit eines Netzzugangs den mobilen Endgeräten zugerechnet werden ebenso natürlich auch die neue Generation der Netbooks.[81] Innerhalb der vorliegenden Publikation werden unter mobilen Endgeräten allerdings ausschließlich Mobiltelefone, PDAs und Smartphones verstanden.

7.2 Dimensionen und Entwicklung des Mobile Marketing

Um die Möglichkeiten des Mobile Marketing darzustellen, wird im Folgenden zunächst auf die Entwicklung des mobilen Mediums eingegangen.[82]

SMS und MMS

Short Message Services (SMS) wurden 1994 entwickelt. Es handelt sich hierbei um Kurznachrichten im Textformat mit bis zu 160 Zeichen. 1999 wurde diese Technik für die ersten Kampagnen genutzt, bei denen die Empfängernummern zufällig generiert wurden. Das Prinzip

---

[81] vgl. Holland, 2006, S. 5
[82] vgl. im Folgenden Steimel et al., 2008, S. 17 ff.

müsste heute als „Spam"[83] eingestuft werden. Ein weiterer Nachteil ist bzw. war die schwere Messbarkeit, die mit der Integration von Antwortelementen in die Nachrichten zum Teil gelöst wurde.[84]

Eine wichtige Entwicklung in diesem Bereich war die Einrichtung von Kurzwahlnummern mit vier oder fünf Stellen. Aufgrund dieser Kurzwahlnummern entwickelte sich das Mobile Direct Response Marketing, bei dem der Nutzer mit einer Interaktion selbst aktiv werden kann, beispielsweise bei Gewinnspielen, Votings, Rabattangeboten usw. Parallel dazu wurden die ersten SMS-Datenbanken aufgebaut.[85]

SMS bieten ausschließlich Textbotschaften als Inhalt, wohingegen die Multimedia Messaging Services (MMS) es ermöglichen, neben Texten auch multimediale Inhalte wie etwa Fotos, Videoclips oder Audiodaten zu versenden. Daraus ergeben sich für das Mobile Marketing vielfältige Möglichkeiten, auf die in den weiteren Kapiteln noch eingegangen wird.[86]

WAP 1.0 und 2.0

Das Wireless Application Protocol (WAP) ist zu einem wichtigen Standard geworden. Nutzer von mobilen Endgeräten können per WAP kommerzielle Dienstleistungen und Mehrwertdienste nutzen, allerdings mit eingeschränkten Visualisierungsmöglichkeiten.[87]

Mit dem WAP 1.0 Standard konnten 1999 erstmals mit einem mobilen Endgerät Internet-Portale auf WAP Basis erreicht werden. Dabei handelte es sich zunächst um einfache verlinkte Textzeilen, die jeweils zu weiteren Informationen führten. Mit der Weiterentwicklung dieses Standards konnten auch Bilder und Musik zum Download angeboten werden. Allerdings handelte es sich bei WAP 1.0 um einen relativ

---

[83] Wikipedia-Eintrag zu Spam: unerwünschte, in der Regel auf elektronischem Weg übertragene Nachrichten, welche dem Empfänger unverlangt zugestellt werden und massenhaft versendet, http://de.wikipedia.org/wiki/Spam, Abruf am 28.04.10
[84] vgl. Steimel et al., 2008, S. 18
[85] vgl. Steimel et al., 2008, S. 18
[86] vgl. Dufft, 2003, S. 15 ff.
[87] vgl. Bensberg, 2002, S. 154

langsamen Übertragungsstandard, der oft mit „Wait And Pay" bezeichnet wurde.[88]

Das WAP 2.0 ermöglichte es ab 2001 dahingegen schon, einfache Internetseiten direkt auf den Mobiltelefonen anzuzeigen. So entwickelten sich Inhalte wie Nachrichten- und Auskunftsdienste, Wetterinfos, aber auch Spiele, Klingeltöne oder Navigation. Die WAP-Portale ähneln mit Bildern, Filmen, Links und Bannern auf den Handydisplays den Seiten, wie sie aus dem Internet bekannt sind.[89] Diese Möglichkeiten können durch die Einführung von schnellen Übertragungstechnologien wie GPRS oder UMTS noch effektiver gestaltet werden.[90]

Im Gegensatz zur SMS kann WAP einen Mehrwert bieten und den erwünschten Pull[91] auslösen, in diesem Fall das Anklicken von Links oder Downloads. Der Nachteil von WAP liegt in der Tatsache, dass ein Zugriff auf das Internet nötig ist, was zum Teil hohe Kosten verursachen kann. Seit Anfang 2007 bieten die Mobilfunkbetreiber jedoch verstärkt Internet-Flatrates an. Momentan existieren in Deutschland 26 Millionen Geräte, die fähig sind mobil auf das Internet zuzugreifen. Genutzt wird diese Möglichkeit allerdings nur von etwa 3 Millionen.[92] Nach einer Forrester-Studie zeichnet sich aber ein deutlicher Aufschwung ab. Demnach werden bis zum Jahr 2013 38% aller Nutzer auf das mobile Internet zugreifen.[93]

Video Streaming und Mobile TV

Aktuelle Ausprägungen des Mobile Marketing sind Video Streaming und Mobile TV. Die ersten mobilen Endgeräte mit DVB-H Empfängern sind bereits auf dem Markt. So ist u.a. auch mobiles interaktives Fernsehen mit der „traditionellen" Fernsehwerbung möglich.[94]

---

[88] vgl. Steimel et al., 2008, S. 20
[89] vgl. ebenda, S. 23
[90] vgl. Täubrich, 2006, S.55
[91] vgl. Kapitel 7.4
[92] vgl. Accenture, 2008, S. 4
[93] vgl. http://www.forrester.com/Research/Document/Excerpt/0,7211,42199,00.html
[94] vgl. Steimel et al., 2008, S. 25 f.

Location Based Services

Location Based Services beziehen sich auf den Standort des Benutzers, der über verschiedene Arten bestimmt werden kann. So ist es möglich, den Nutzer über die netzinterne Kennzeichnung der Funkzelle (Cell ID) zu orten. Da diese unterschiedliche Größen haben, ist diese Methode oftmals relativ ungenau. Eine bessere Bestimmung der Position ermöglicht die Triangulation, bei der die Entfernung zu den nächsten drei Funkmasten in Abhängigkeit gesetzt wird. Eine sehr genaue Ortung ermöglicht das Global Positioning System (GPS), bei dem die Toleranz der Positionsbestimmung etwa 10 Meter beträgt.[95]

Mit diesen Möglichkeiten der Standortbestimmung ist eine ortsbezogene Kundenansprache möglich.[96] Es können beispielsweise Direct Response Kampagnen lokal ausgerichtet und damit gezielt Konsumenten angesprochen werden.

Nahfeldübertragungsstandards

Neben WAP verfügen moderne Mobiltelefone über weitere Kanäle zur Datenübertragung – Bluetooth, IrDA und NFC. Bei diesen Technologien handelt es sich um sog. Nahfeldübertragungsstandards. Diese Möglichkeiten werden in den späteren Kapiteln detailliert ausgeführt[97] und im Folgenden nur kurz erläutert.

Bluetooth vernetzt Geräte über kurze Distanzen bis etwa 10 Meter, auch durch Wände hindurch. So können mobile Geräte untereinander, mit Computern oder anderer Peripherie kommunizieren.

IrDA (Infrared Data Association) arbeitet mit Infrarotlicht und funktioniert daher nur bei gegebener Sichtverbindung der Geräte.

---

[95] vgl. ebenda, S. 26
[96] vgl. Kapitel 6.2
[97] vgl. Kapitel 10

Die **Near Field Communication** (NFC) ermöglicht eine Verbindungsmöglichkeit über kurze Distanz von etwa 3 Zentimetern. Sie eignet sich hervorragend für bargeldlose Zahlung, Ticketing oder Zugangskontrolle.[98]

Der Vorteil dieser Technologien besteht darin, dass die Übertragung nichts kostet und sich hervorragend für gezielte Ansprache vor Ort auf einem Messestand eignet.

2D-Barcodes

Bei 2D-Barcodes handelt es sich um Hyperlinks innerhalb der realen Welt. Durch diese sogenannten QR-Codes (Quick Response Codes) lassen sich materielle Welt und Internet verlinken, aber auch das direkte Abrufen von Texten, SMS oder Telefonnummern ist möglich. Abbildung 8 zeigt einen solchen Code, der in diesem Beispiel eine Verbindung zu einer Telefonnummer aufbauen würde.

Abbildung 8: QR-Code

(Quelle: eigene Darstellung)

Es besteht auch hier die Möglichkeit, weiterführende Informationen auf dem mobilen Endgerät bereitzustellen. Allerdings muss eine spezielle Software installiert sein, welche die Informationen des Codes konvertieren kann. Dieser Code kommt in den meisten Fällen über die interne Kamera auf das mobile Endgerät.

Die Technologie kann ebenso für das Couponing oder Ticketing (virtuelle Rabatt- und Eintrittskarten) eingesetzt werden. In diesem Fall muss keine Software installiert sein, da der Code, als Bild auf dem Handydisplay dargestellt, von einem speziellen Lesegerät erkannt wird. So ist auch ein bequemer Ticketkauf von unterwegs möglich, ohne auf einen Drucker angewiesen zu sein.[99]

---

[98] vgl. Steimel et al., 2008, S. 27
[99] vgl. ebenda, S. 30

Die Dimensionen und technischen Funktionen ermöglichen es, zahlreiche Formen des Mobile Marketing nutzen zu können. Darauf wird im folgenden Unterkapitel eingegangen.

7.3 Formen des Mobile Marketing

Formen des Mobile Marketing treten in zahlreichen Variationen auf, die man in vier Gruppen zusammenfassen kann. Sie gliedern sich in Kommunikationsdienste, Informationsdienste, Unterhaltungsdienste und Produktivitätsdienste bzw. Transaktionsdienste.[100] Stellt man diese Kategorien den Trends des Messemarketing gegenüber[101], so erkennt man ein großes Potential auf der Seite des Mobile Marketing in Bezug auf die Erfüllung der zukünftigen Messebesucher- bzw. Ausstellerwünsche. Die gängigsten Formen werden im Folgenden näher betrachtet und sollen einen grundlegenden Überblick bieten.

SMS ohne Response-Funktion

Bei dieser Form handelt es sich um eine SMS, auf die der Empfänger nicht reagieren kann. Dies ist nur dann zulässig, wenn der Empfänger zugestimmt hat, solche Nachrichten erhalten zu wollen.[102] Für diese Variante eignen sich bestehende Kunden oder registrierte Nutzer, die mit gleichen oder individuellen Informationen versorgt werden können.[103]

---

[100] vgl. Täubrich, 2006, S. 13 und Steimel et al., 2008, S. 32 ff.
[101] vgl. Kapitel 2.4
[102] vgl. Kapitel 7.5
[103] vgl. Oswald; Tauchner, 2005, S. 84

SMS mit Response-Funktion

Hierbei besteht die Möglichkeit unmittelbar auf die Botschaft zu reagieren und zu interagieren. Mit dieser SMS können z.b. direkt Produktkataloge oder -tests angefordert werden. Ebenso ist ein direkter Verbindungsaufbau mit einem Call-Center möglich.[104]

SMS mit Response-Funktion im Medienmix

Diese Variante ist die populärste der drei SMS-Formen. Der Nutzer wird nicht durch eine Textmitteilung zur Interaktion aufgefordert, sondern durch andere Medien wie TV-, Print- oder Außenwerbung. Der Vorteil hierbei ist, dass die Unternehmen über keine Kundendaten verfügen müssen und auf diese Weise zu Datenmaterial und Kundeninformationen kommen.[105]

MMS

Die MMS kann ebenso wie eine SMS mit und ohne Response-Funktion verschickt werden. Zusätzlich werden die Nachrichten um multimediale Inhalte erweitert, allerdings muss der Empfänger ein MMS-fähiges Endgerät besitzen, um diese Inhalte auch empfangen zu können. Eine Variante ist es, eine Kampagne parallel als SMS- und MMS-Kampagne zu konzipieren, um niemanden auszuschließen.[106]

---

[104] vgl. Dufft, 2003, S. 25
[105] vgl. Oswald; Tauchner, 2005, S. 85
[106] vgl. ebenda, S. 85

Sponsoring von mobilen Diensten

Gesponserte Informations- oder Unterhaltungsdienste sind für den Messebesucher in der Regel kostenlos. Dafür beinhalten die Informationen einen Hinweis auf den Sponsor und der Nutzer erklärt sich bereit, gesonderte Werbebotschaften zu erhalten.[107]

Angebot mobiler Datendienste

Hier bietet das Unternehmen selbst einen mobilen Datendienst an, für den sich der Nutzer registriert und dem Unternehmen teilweise erlaubt, ihm Werbebotschaften zu senden. Datendienste werden dabei primär von den Netzbetreibern angeboten, gehören aber mittlerweile auch bei den Unternehmen zum Standard.[108]

Mobile Gewinnspiele

Die Umsetzung mobiler Gewinnspiele erfolgt über SMS oder WAP, entweder komplett über das mobile Endgerät oder als Response-Kanal bei einer Initiierung über andere Medien.[109] Das können beispielsweise Plakate oder Spots sein.

Mobile Spiele

Bei dieser Form des Mobile Marketing werden Spiele zum Download angeboten. Der Anreiz hierbei liegt in einem hohen Unterhaltungswert, der auch Grundlage für virale Effekte sein kann. Das Unternehmen kann selbst solche Spiele entwickeln und anbieten oder Botschaften in bereits vorhandene Spiele einbinden.[110]

---

[107] vgl. Hippel, 2005, S. 116 f.
[108] vgl. Oswald; Tauchner, 2005, S. 87
[109] vgl. Dufft, 2003, S. 26
[110] vgl. Oswald; Tauchner, 2005, S. 88 ff.

Rabattinstrumente

Rabatte oder Coupons werden in Form von einer SMS oder einem Code an den Nutzer geschickt oder werden aktiv angefordert. Dies dient als Legitimierung um am Point Of Sale Zugang zu verbilligten Produkten oder Dienstleistungen zu bekommen.[111]

Mobile Newsletter

Die erwähnten Rabattinstrumente können hervorragend mit mobilen Newslettern kombiniert werden, für die sich der Nutzer anmeldet. Dieser Newsletter informiert regelmäßig über Neuigkeiten, Angebote oder Veranstaltungen des Unternehmens. Im Idealfall besteht der Newsletter aus verschiedenen Kategorien, die der Nutzer selbst bestimmen kann.[112]

Mobile Communities

Das mobile Endgerät ist ein geeignetes Medium um Communities aufzubauen. Es handelt sich dabei um Gemeinschaften, bei denen die Teilnehmer gleiche Bezugspunkte haben, wie Hobbies oder Beruf.[113] Eine solche homogene und interaktive Zielgruppe tauscht sich in ihrem Portal aus, auf dem das Unternehmen Werbebotschaften platzieren kann. Ebenso bekommt das Unternehmen Einsichten in das Kundenverhalten, was zu neuen Ideen führen kann.[114]

---

[111] vgl. Dufft, 2003, S. 26
[112] vgl. ebenda, S. 26
[113] vgl. Hippel, 2005, S. 120
[114] vgl. Dufft, 2003, S. 26

Mobile Voting

Da das mobile Endgerät im Marketing einen Rückkanal bietet, kann es für kurzfristige Umfragen oder Abstimmungen genutzt werden. Es wird eine höhere Einbindung der Nutzer erreicht und gleichzeitig werden Daten zum Nutzerverhalten gesammelt.[115]

Mobile Ticketing

Mobile Ticketing entspricht der Funktionsweise des Mobile Couponing.[116] Allerdings bezahlt der Nutzer für Dienstleistungen oder Produkte und kann diese vor Ort in Form von Zahlen- oder QR-Codes in Empfang nehmen. Der Vorteil solcher Verfahren ist, dass der Nutzer zum Point of Sale kommt und das jeweilige Verhalten auf Anreize von Kampagnen festgestellt werden kann. Somit können wiederum Kundenprofile und Zielgruppen definiert werden.[117]

---

[115] vgl. ebenda, S. 26
[116] vgl. Kapitel 7.3.9
[117] vgl. Oswald; Tauchner, 2005, S. 94 f.

7.4 Push und Pull

Alle genannten Formate können in Pull- und Pushdienste klassifiziert werden. Pulldienste sind Dienste, die durch eine externe Stimulation, etwa TV, Print oder Radio, eine Aktion einzelner Nutzer auslösen. Informationen werden somit nur auf Anforderung des Empfängers bereitgestellt.[118]

Pushdienste dagegen versenden über Datenbanken mit Adresspools verschiedene Werbebotschaften und setzen keine unmittelbare Handlung des Nutzers voraus. In vielen Fällen besteht die Möglichkeit der Interaktion.[119] Der mobile Kanal des Versands per SMS oder MMS ist eine neuartige Form der Push-Kommunikation.[120] Abbildung 9 veranschaulicht beide Dienste.

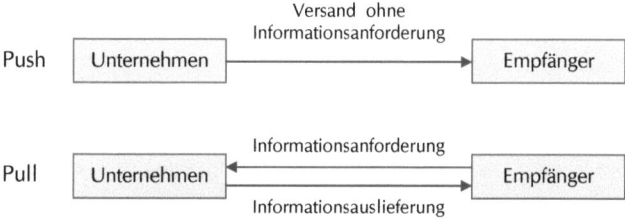

Abbildung 9: Push- und Pulldienste

(Quelle: eigene Darstellung in Anlehnung an Dufft, 2003, S. 16)

---

[118] vgl. Dufft, 2003, S. 15
[119] vgl. Schäfer, 2005, S. 396 f.
[120] vgl. Dufft, 2003, S. 15

7.5 Permission Marketing

Dem Mobile Marketing liegt der Grundsatz des sogenannten Permission Marketing zugrunde. Dieser Ansatz hat das Marketing generell beeinflusst, denn der Kunde muss dem Unternehmen eine Erlaubnis (engl. permission) zur Interaktion erteilen. Erst nachdem er diese erteilt hat, darf das Unternehmen aktiv werden.[121] Um diese Erlaubnis zu erteilen, gibt es verschiedene sogenannte Opt-In-Verfahren, die in Abbildung 10 dargestellt werden.

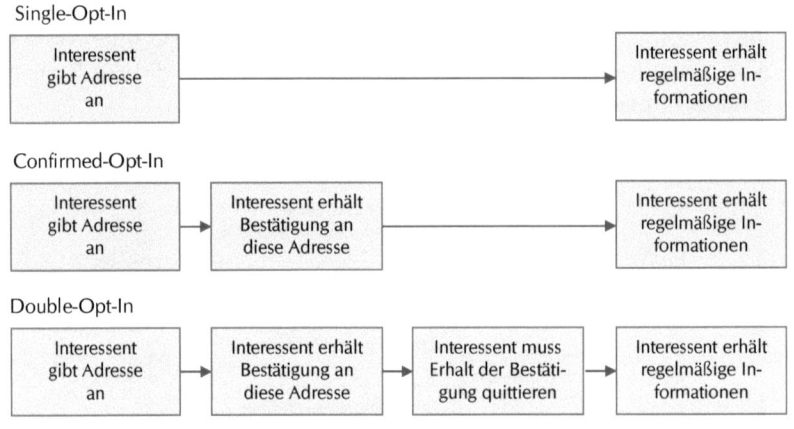

Abbildung 10: Opt-In-Verfahren

(Quelle: eigene Darstellung in Anlehnung an Hartmann, 2004, S. 65)

Die Erlaubnis kann allerdings jederzeit wieder entzogen werden (Opt-out). Es soll eine nachhaltige Beziehung aufgebaut werden, indem Wissen über den Empfänger gesammelt wird, um Angebote personalisieren zu können. Permission Marketing ist realisiert, wenn der Kunde die Werbebotschaften erwartet und diese sowohl persönlich als auch relevant für ihn sind. Für den Nutzer bzw. den Messebesucher bedeutet Permission Marketing demnach informationelle Selbstbestimmung. Für Unternehmen bedeutet es Kundenwertmanagement.[122]

---

[121] vgl. Hartmann et al., 2004, S. 65
[122] vgl. Oswald, 2005, S. 51 ff.

8 Mobile Marketing-Mix

In Kapitel 3 wurde bereits auf den Marketing-Mix eingegangen. Die weiteren Möglichkeiten, die sich durch den mobilen Kanal ergeben, sollen in diesem Kapitel angeführt werden. Folgende Abbildung fasst diese Möglichkeiten vorab zusammen.

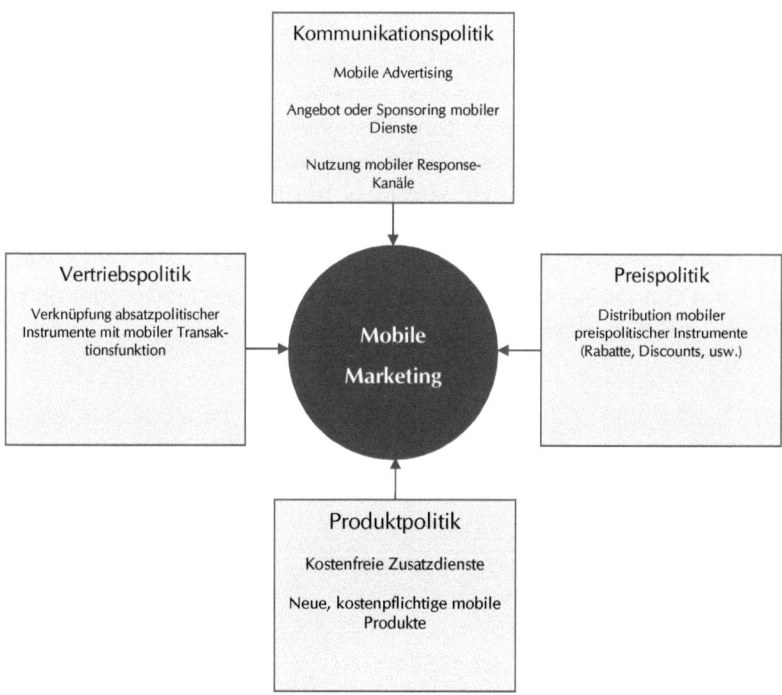

Abbildung 11: Mobile-Marketing-Mix
(Quelle: eigene Darstellung in Anlehnung an Dufft, 2003, S. 36)

8.1 Mobile Preispolitik

Die Preispolitik beschäftigt sich mit der Festlegung der Art von Gegen-
leistungen, die für die Inanspruchnahme von Leistungen oder Produkte
zu entrichten sind. Es handelt sich nicht ausschließlich um die Preis-
höhe, sondern beinhaltet auch weitere preisähnliche Maßnahmen wie
Rabatte oder Boni,[123] die im Gegensatz zu anderen Marketinginstrumenten eine direktere Wirkung auf die Kaufbereitschaft der Messebesucher haben.[124]

Mobile Kanäle können hierbei hervorragend eingesetzt werden, da sie
die preispolitischen Komponenten schneller, orts- und zeitkritisch und
mit weniger Streuverlusten zum Messebesucher transportieren, wo-
durch die Effizienz der preispolitischen Maßnahmen erhöht wird.[125]
Über den Mobilfunk können also nicht nur Produkte gekauft werden,
sondern durch preispolitische Maßnahmen kann auch der Verkaufser-
folg (im Sinne von „Kauf initialisieren") unterstützt werden. Das kann
in Form von mobilen Gutscheinen (Couponing) geschehen oder durch
einen einfachen Hinweis per SMS oder MMS.[126]

---

[123] vgl. Bruhn, 2001, S.167 f.
[124] vgl. Dufft, 2003, S. 39
[125] vgl. ebenda, S. 39
[126] vgl. Oswald, 2005, S. 131

8.2 Mobile Produktpolitik

Sämtliche Entscheidungen, die in Zusammenhang mit der Gestaltung des Leistungsprogramms eines Unternehmens stehen und dessen Leistungsangebot repräsentieren, werden der Produktpolitik zugerechnet. Das Leistungsprogramm beinhaltet sowohl Sach- als auch Dienstleistungen. Ein zentraler Aspekt ist hierbei der Kundennutzen, auf den das Leistungsprogramm abgestimmt werden muss.[127]

Produkte können durch mobile Produktkomponenten oder Zusatzservices attraktiver gemacht werden. Ebenso können weitere kostenpflichtige Dienste bzw. Produkte angeboten werden.[128] Insgesamt geht es aber darum, für bestehende und potentielle Kunden einen erheblichen Nutzen zu schaffen, um im Vergleich zu relevanten Konkurrenzangeboten als überlegen wahrgenommen zu werden.[129]

8.3 Mobile Vertriebspolitik

Die Vertriebspolitik beschäftigt sich mit den Entscheidungen, die die Übermittlung materieller und immaterieller Leistungen vom Hersteller zum Endkäufer betreffen, damit die angebotenen Leistungen bezogen werden können.[130]

Das mobile Endgerät ist zu einem Vertriebskanal geworden. In Kombination mit einer Mobile Marketing Kampagne kann es durchaus spontan zu einer One-Click-Kaufentscheidung kommen. Einerseits sollen Kunden angesprochen werden, von denen ein besonderes Interesse am Produkt erwartet wird, andererseits sollen Kunden in dem Moment angesprochen werden, in dem sie, wie auf Messen, besonders offen gegenüber dem Produkt oder einer Kaufentscheidung sind. Somit kann Ort und Zeit ausgenutzt werden, um eine Vertriebsförderung zu erreichen.[131]

---

[127] vgl. Bruhn, 2001, S.125
[128] vgl. Oswald, 2005, S.128 f.
[129] vgl. Gerpott, 2002, S. 53
[130] vgl. Bruhn, 2001, S. 249 und Meffert, 2000, S. 600
[131] vgl. Oswald, 2005, S. 130

Möglich ist dies über die Nutzung hochwertiger Zielgruppendaten o-
der über Schaltung zielgruppenspezifischer Inhalts- oder Dienstange-
bote. Allerdings muss der Kunde ein Angebot als Mehrwert wahrnehmen und nicht als unerwünschte Werbebotschaft.[132]

8.4 Mobile Kommunikationspolitik

Die Kommunikationspolitik umfasst alle Kommunikationsinstrumente
und -maßnahmen, um Unternehmen und deren Leistungen den relevanten Zielgruppen darzustellen.[133]

Trotz der aufgezeigten Möglichkeiten, den kompletten Marketing-Mix
durch die Anwendung von Mobile Marketing zu erweitern, wird dies
bislang vor allem in der Kommunikationspolitik eingesetzt, schließlich
stellen mobile Endgeräte vorrangig einen Kommunikationskanal dar.[134]
Mobile Technologien bieten eine ganze Reihe neuer und unmittelbarer
Einsatzmöglichkeiten, auf die im Folgenden eingegangen werden soll.
Dabei handelt es sich um eine Auswahl der drei populärsten Formen
innerhalb der mobilen Kommunikationspolitik.[135]

Mobile Advertising

Nach Wohlfahrt kann Werbung als spezielle Form der Kommunikation
verstanden werden, die sich unterschiedlicher Kanäle bzw. Medien
bedient.[136] Mobile Advertising wird unterschiedlich interpretiert. So
handelt es sich hierbei auf der einen Seite um den Versand von Werbebotschaften per SMS oder auch per MMS. Diese Werbebotschaften
müssen aufgrund der eingeschränkten Darstellungsmöglichkeiten sehr
kompakt und prägnant sein.[137] Auf der anderen Seite beschreibt Mobile Advertising auch das Einbinden von Werbeinhalten auf mobilen
Portalen. Dabei handelt es sich um die neueste Form des Mobile Mar-

---

[132] vgl. Dufft, 2003, S. 41
[133] vgl. Bruhn, 2001, S. 201
[134] vgl. Kapitel 6.1
[135] vgl. Dufft, 2003, S. 37
[136] vgl. Wohlfahrt, 2002, S. 247
[137] vgl. Dufft, 2003, S. 37

keting, das mit dem wachsenden Angebot mobiler Datenflatrates entstanden ist.[138] Dies können z. B. Banner sein, die wie im „wirklichen" Internet mit weiteren Websites von Unternehmen verlinkt sind.

Sponsoring mobiler Dienste

Mobile Dienste bieten dem Nutzer einen Mehrwert. So ist neben der oben beschriebenen Werbung auch das Angebot eigener oder das Sponsoring externer mobiler Dienste weit verbreitet. Es handelt sich meist um Informations- oder Entertainmentdienste als Form der mobilen Kommunikation.[139] Wie schon geschildert sind solche gesponserten Informations- oder Unterhaltungsdienste für den Messebesucher in der Regel kostenlos. Dafür erklärt sich der Besucher u.a. bereit, gesonderte Werbebotschaften zu erhalten.[140]

Mobile Response-Kanäle

Der Messebesucher kann nicht nur jederzeit und an jedem Ort angesprochen werden, sondern auch unmittelbar auf die Werbebotschaft reagieren. Durch das Angebot eines kostengünstigen Responsekanals kann die Zahl derer vergrößert werden, die sich mit dem Unternehmen in Verbindung setzen, in den meisten Fällen per SMS.[141] Diese Möglichkeit der Interaktivität bietet sich vor allem in Verbindung mit klassischen Medien an.[142] Zur Response-Verstärkung muss ein Mehrwert integriert werden, z. B. durch Couponing oder Gewinnspiele.

---

[138] vgl. Steimel et al., 2008, S. 92 f.
[139] vgl. Dufft, 2003, S. 37
[140] vgl. Kapitel 7.3.5
[141] vgl. Steimel et al., 2008, S. 82
[142] vgl. Dufft, 2003, S. 37

8.5 Mindmatics 4-P-Strategie

Neben den klassischen „4 P's" hat die MindMatics AG die „4-P-Strategie des erfolgreichen Mobile Marketing" konzipiert. Danach muss Mobile Marketing vier entscheidende Eigenschaften aufweisen, auf die im Folgenden eingegangen wird.[143]

Paid

Ein Messebesucher wird Werbebotschaften auf seinem Handy nur akzeptieren, wenn er einen adäquaten Gegenwert dafür bekommt. Es gibt zwei Arten der Incentivierung, den monetären Gegenwert (z.B. Geldbeträge oder Produktäquivalente) und den informativen Gegenwert (z.B. Premium Content).

Polite

Hierbei handelt es sich um den höflichen und unaufdringlichen Umgang mit dem Messebesucher. Die Zustimmung für den Empfang von Werbebotschaften darf kein Freibrief zum Beschuss mit Werbung sein. Eine Möglichkeit hierbei ist es, den Messebesucher die maximale Werbefrequenz steuern zu lassen.

---

[143] vgl. im Folgenden Lippert, 2002, S. 137 ff.

Permitted

Die Voraussetzung für die Zustellung werbefinanzierter mobiler Services ist die explizite Zustimmung des Empfängers. Um versehentlich oder absichtlich falsch eingegebene Handynummern zu vermeiden, sollte die Zustimmung des Messebesuchers in Form einer Registrierung über ein „double-opt-in-Verfahren" erfolgen.[144] Eine weitere schon bekannte „Permitted"-Eigenschaft ist es aber auch, dem Messebesucher die Möglichkeit zu geben, jederzeit seine Zustimmung zu modifizieren bzw. zurückzuziehen.

Profiled

Die Anzahl und die Qualität der Kundenprofile ist ein entscheidendes Kriterium. Allerdings ist die Profiltiefe ein klassischer Gegensatz zwischen Kunde und Unternehmen. Die Kunden bzw. Messebesucher sind an einfachen und kurzen Registrierungsprozeduren interessiert, Unternehmen hingegen an detaillierten Kundenprofilen – dies minimiert Streuverluste und erlaubt es, die Zielgruppe möglichst exakt zu erreichen. Es gilt hier einen vernünftigen Mittelweg zwischen Profiltiefe und Registrierungsgeschwindigkeit zu finden.

Ebenso wichtig wie alle bis jetzt erwähnten Merkmale ist die Integration des Mobile Marketing in die Kommunikationspolitik, worauf im nächsten Kapitel eingegangen wird.

---

[144] vgl. Kapitel 7.5

9 Mobile Marketing in der integrierten Kommunikationspolitik

In Kapitel 4 wurde beschrieben, dass ein wesentlicher Erfolgsfaktor der einzelnen kommunikationspolitischen Instrumente in deren integrierter und damit abgestimmter Anwendung besteht. Der folgende Abschnitt erläutert die Integration von Mobile Marketing in inhaltlicher und formaler Hinsicht.

9.1 Umsetzung der inhaltlichen Integration

Die inhaltliche Integration strebt eine thematische Verbindung der Kommunikationsmaßnahmen an, um so eine strategische Positionierung in der Kommunikation zu erreichen.[145] Dazu gehören z. B. einheitliche Slogans oder Schlüsselbilder. In dieser Hinsicht erweist sich die SMS als problematisch, denn das Standardübertragungsformat ist das Textformat.[146] Somit eignet sich die SMS ausschließlich für die Übermittlung von einheitlichen Slogans, die Übermittlung von Schlüsselbildern mit Bild und Ton ist nicht möglich.

Multimedia-Nachrichten wie die MMS sind im Gegensatz dazu fähig, neben Text auch Bild und Ton zu übermitteln. Damit ist die Umsetzung der inhaltlichen Integration relativ einfach möglich, ein MMS-fähiges Endgerät vorausgesetzt. Ebenso unterstützt WAP die Ausgabe von Grafiken und Animationen. Nach der Lehre der Replizierbarkeit verspricht die bildliche Darstellung von Inhalten höhere Erinnerungswerte als die textliche Darstellung.[147] Gerade durch den Anstieg mobiler Datenflatrates und der Zunahme der Nutzung des mobilen Internet ist die Umsetzung der inhaltlichen Integration immer besser und weitreichender möglich. Allerdings muss das ausstellende Unternehmen das jeweilige mobile Endgerät des Messebesuchers kennen, um das richtige Format wählen zu können.

---

[145] vgl. Kapitel 4.3.1
[146] vgl. Lippert, 2002, S. 140
[147] vgl. ebenda, S. 140 f.

9.2 Umsetzung der formalen Integration

Die formale Integration erreicht einen Wiedererkennungseffekt durch die Verwendung von einheitlichen Gestaltungsprinzipien.[148] Die geringen Darstellungsmöglichkeiten schränken die Umsetzung der formalen Integration ein. Oftmals kann dies nur mit Blick auf wesentliche Elemente wie Marken- und Firmenname oder Marken- und Firmenlogo erfolgen. Umfangreiche Inhalte bzw. Botschaften sind über diesen Kanal schwer an den Kunden zu übermitteln.[149] Erkennbar ist der Trend zu größeren Displays bzw. Smartphones,[150] die eine weitreichendere Übermittlung von Informationen zulassen.

Ein weiteres Problem ist die unterschiedliche Darstellungsweise der Nachrichten bei unterschiedlichen Geräteherstellern. Der große Unterschied liegt in der Anzahl der Zeilen, die dargestellt werden können bzw. in der Auflösung der verschiedenen Displays.[151] Wie auch bei der inhaltlichen Integration, ist es für eine effektive formale Integration Voraussetzung, das jeweilige Endgerät des Messebesuchers zu kennen.

9.3 Synergie- und Gefahrenpotenzial

Synergien entstehen durch die Verknüpfung von Mobile Marketing mit klassischen Kommunikationsinstrumenten, gerade in Hinblick auf die Möglichkeit der Interaktion.[152] Die Synergien ergeben sich im Folgenden aus den schon angeführten Merkmalen des Mobile Marketing.[153] Der Messebesucher kann unmittelbar auf Botschaften reagieren, da er das Gerät in den meisten Fällen bei sich hat. Der Responsekanal über eine SMS ist für den Nutzer unkompliziert und schnell und die Nutzungsschwelle aus diesem Grund niedriger. Dieser Responsekanal lässt auch zeitnahe Rückschlüsse auf die Wirksamkeit einzelner Maß-

---

[148] vgl. Kapitel 4.3.2
[149] vgl. Wohlfahrt, 2002, S. 252
[150] vgl. http://www.mobile-zeitgeist.com/2008/03/25/mehr-smart-in-phones/
[151] vgl. Hippel, 2005, S. 127 f.
[152] vgl. Steiner, 2007, S. 44
[153] vgl. Kapitel 6.2

nahmen zu, beispielsweise um zu erkennen, was den Messebesucher angeregt hat, zu interagieren.[154]

Auch die Möglichkeit der zielgerichteten und personalisierten Ansprache über den mobilen Kanal verspricht Synergiepotenzial. Die anonyme Massenansprache klassischer Medien wird durch die persönliche One-to-One-Kommunikation mobiler Endgeräte ergänzt.[155] Die Integration von Mobile Marketing als Kommunikationsinstrument verbessert ebenfalls das Image des Unternehmens[156] und somit gleichfalls das der klassischen Kommunikationsmaßnahmen.

Aber auch die klassischen Kommunikationskanäle bieten umgekehrt Vorteile für das Mobile Marketing. Die in diesem Kapitel beschriebenen eingeschränkten Darstellungsmöglichkeiten können durch TV oder Print ergänzt und emotionalisiert werden. Ebenso kann dadurch die Spam-Problematik eingeschränkt werden, da über klassische Werbung wie etwa Plakate, der Pull angefordert werden kann. Die Übermittlung von Botschaften ist so nicht ausschließlich als Push-Maßnahme anzusehen.[157]

Neben Synergien entstehen durch die Integration von Mobile Marketing allerdings auch Gefahren. Aufgrund der geringeren Darstellungsmöglichkeiten lassen sich nicht alle Kampagnenkonzepte umsetzen. Bei unzureichender Übermittlung der Inhalte bezüglich der Integration können negative Folgen für die Marke entstehen.[158] Passen die Marketing-Maßnahmen nicht zum Markenimage, sind Verwirrungen der Nutzer bis hin zur Verwässerung der Marke möglich.[159]

---

[154] vgl. Steiner, 2007, S. 44 f.
[155] vgl. ebenda, S.45
[156] vgl. Kapitel 11.2
[157] vgl. Kapitel, 7.4
[158] vgl. Hippel, 2005, S. 138
[159] vgl. Steiner, 2007, S. 46

Nicht alle Produkte oder Dienstleistungen eignen sich für Mobile Marketing. Der Informationsumfang kann nur gering gehalten werden, was neuartige oder spezielle Angebote mit umfangreichem Erklärungsbedarf ausschließt.[160] Auch B2B-Produkte werden kaum über Mobile Marketing beworben, da das mobile Endgerät primär als persönlicher Gegenstand gilt und persönliche Entscheidungen und Einstellungen beeinflusst werden.[161]

Technisch und gestalterisch gesehen, muss das Unternehmen die Möglichkeiten der mobilen Endgeräte kennen, um die wirkungsvollsten Botschaften versenden zu können. Einige Messebesucher können nur Textnachrichten empfangen, während andere Geräte WAP unterstützen und somit mehr Möglichkeiten der Integration zulassen.[162] Ebenso sollte ausreichend Kapazität zur Verfügung stehen, um die Datenverarbeitung unzähliger Kurznachrichten zu gewährleisten, wie es bei einer Kurzwahlnummer der Fall sein kann. Diese Nummer sollte ebenso für jeden nutzbar und nicht vom Netzbetreiber abhängig sein.[163]

9.4 Bedeutung in der integrierten Kommunikation

Eine Darstellung von Beziehungen zwischen verschiedenen Kommunikationsinstrumenten ist durch die Anwendung einer Portfolioanalyse möglich. Dabei werden auf der vertikalen Achse die Bedeutung der Instrumente für die integrierte Kommunikation, auf der horizontalen Achse die Freiheitsgrade bei der Gestaltung der Kommunikation beschrieben.[164] Davon ausgehend wird zwischen Leit-, Integrations-, und Folgeinstrumenten unterschieden. Als Leitinstrumente werden die der Mediawerbung angesehen. Der Einfluss ist hoch, die Integrationsmaßnahmen lassen sich leicht umsetzen und die Wirkung ist langfristig. Ebenso haben die Integrationsinstrumente einen relativ großen Einfluss, wobei die Wirkung eher kurz- bis mittelfristig anzusehen ist und die Zielgruppen sich oft auf einen speziellen Personenkreis beschränken. Daher ist die Bedeutung für die integrierte Unternehmenskom-

---

[160] vgl. ebenda, S. 46
[161] vgl. Dufft, 2003, S. 44
[162] vgl. Kapitel 9.2
[163] vgl. Steiner, 2007, 46 f.
[164] vgl. Bruhn, 2006, S. 134 f.

munikation geringer, die Freiräume für die Umsetzung jedoch weitaus höher und oft mit einer erhöhten Aufmerksamkeit verbunden. Schließlich ergeben sich bei den Folgeinstrumenten die größten Freiheitsgrade, da das größte Interesse exakt zum Zeitpunkt der Kommunikation besteht und die Botschaften individualisiert werden können. Diese Instrumente sind folglich auch am schwersten in den Kommunikationsmix zu integrieren und deren Bedeutung ist dementsprechend geringer.[165]

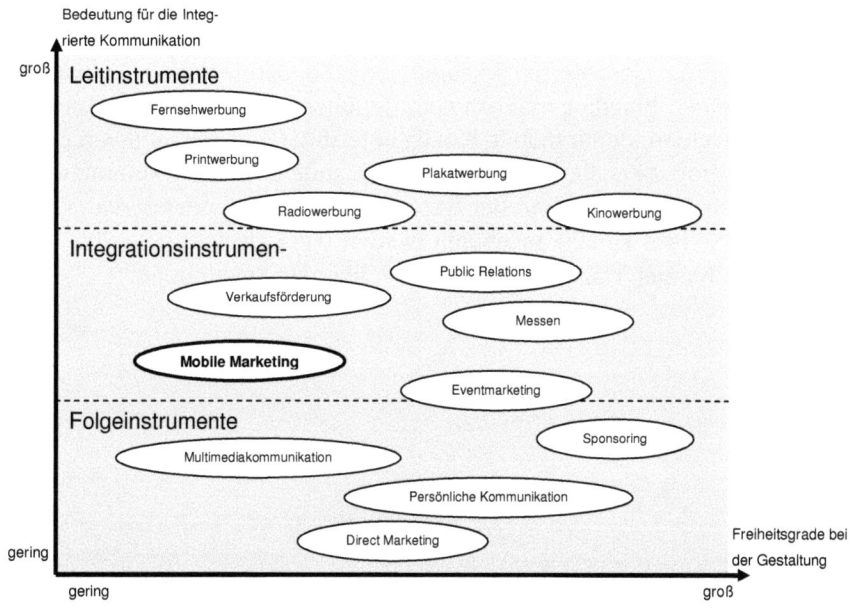

Abbildung 12: Kommunikationsportfolio
(Quelle: eigene Darstellung in Anlehnung an Bruhn, 2006, S. 136 und Steiner, 2007, S.50)

---

[165] vgl. Esch, 2006, S. 340 f.

Wie aus Abbildung 12 hervorgeht, kann Mobile Marketing als Integrationsinstrument mit Tendenz zum Folgeinstrument eingeordnet werden. Durch die genannten Charakteristika entsteht eine höhere Bedeutung als die der Multimediakommunikation, zumal auch mittel- bis langfristige Ziele verfolgt werden können. Allerdings ergeben sich aus den o. g. Einschränkungen auch geringere Freiheitsgrade bei der Gestaltung.[166]

Mobile Marketing-Instrumente können auch alleinstehend eingesetzt werden, in den meisten Fällen wirken klassische und neue Medien aber als gegenseitige Verstärker. Mobile Marketing sollte daher in den Medienmix des Messemarketings eingebunden werden. So werden zum einen Branding-Maßnahmen, die über andere Medien kommuniziert werden, durch mobile Kanäle unterstützt und zum anderen mobile Response-Kanäle genutzt, die über andere Medien kommuniziert werden. Weiterhin kann der Bezug von Produkten oder Services über verschiedene Kanäle angeboten werden wie beispielsweise über (mobiles) Internet, Handy oder PDA bzw. über ein Smartphone.[167]

---

[166] vgl. Steiner, 2007, S. 49
[167] vgl. Dufft, 2003, S. 44

10 Folgerung für das Messemarketing

10.1 Mobile Marketing auf Messen

Das Messemarketing kann sich einer Kombination der genannten Möglichkeiten bedienen. Doch gerade die Möglichkeiten der Ansprache vor Ort sind hier von großer Bedeutung.

Ein Beispiel aus der Praxis ist die Präsentation des neuen Mini von BMW während des Pariser Autosalons 2006. Messebesucher mit aktiviertem Bluetooth erhielten in Reichweite des Messestandes eine Anfrage des Systems. Stimmten sie der Anfrage zu, transferierte eine Bluetooth-Säule eine Anwendung, die den Mini durch Bewegung des mobilen Endgerätes von allen Seiten zeigte.[168]

Die Aussteller können mobile Instrumente jedoch auch kombinieren. So bieten sich Botschaften über SMS, MMS oder WAP im Vorfeld der Messe an, um zeitlich vorgelagert Informationen zu übermitteln. Es kann bei Bedarf ein direkter Response eingebaut werden, um z.B. Besuchs- oder Gesprächswünsche direkt zu terminieren.

Weiterhin kann die Nutzung von Location Based Services den Weg zur Messe erleichtern. Die Bereitstellung von GPS-Koordinaten ermöglicht es dem Messebesucher sich von seinem (GPS-fähigen) mobilen Endgerät an den Messestand leiten zu lassen. Gästekarten, die von den Ausstellern vergeben werden und zum kostenfreien Eintritt der Messe berechtigen, können bei entsprechender Auslesemöglichkeit mobil und kurzfristig über das Mobile Ticketing bereitgestellt werden.

Auf der Messe selbst ergeben sich viele Möglichkeiten anhand der in Kapitel 7 erwähnten Nahfeldübertragungsstandards. Gerade das Bluetooth-Marketing ergänzt immer öfter den Messeauftritt eines Unternehmens, da mittlerweile viele Geräte diese Übertragungstechnologie unterstützen. Es kann davon ausgegangen werden, dass sich mit der Near Field Communication in den nächsten Jahren eine weitere Übertragungsmöglichkeit durchsetzt, eine ausreichende Verfügbarkeit von NFC-fähigen Geräten vorausgesetzt.

---

[168] vgl. Steimel et al., 2008, S. 27

Nicht vernachlässigt werden darf der Zeitraum direkt nach der Messe. Der Aussteller muss den Messebesucher auch weiterhin begeistern, unter anderem durch eine zeitnahe Fortsetzung der Kommunikation. Die Qualität der Nachbereitung - verbunden mit einer hohen Bearbeitungsgeschwindigkeit im Hinblick auf die zeitliche Nähe zum Messebesuch selbst – kann den Messeerfolg verbessern und erreichte Ziele sichern.[169] Abbildung 13 stellt die zeitkritische Betreuung innerhalb der Messephasen dar.

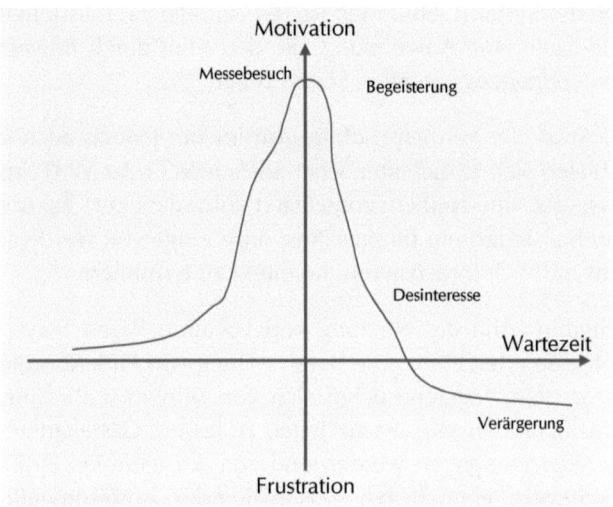

Abbildung 13: Zeitkritische Besucherbetreuung
(Quelle: eigene Darstellung in Anlehnung an Kreutzer, 2007, S. 93)

Der Kurvenverlauf macht deutlich, dass die Motivation des Besuchers durch entsprechendes Marketing im Vorfeld der Messe aufgebaut werden muss und im optimalen Fall den Höhepunkt zum Zeitpunkt des Messebesuchs erreicht. Da die Motivation in der Regel schnell wieder abfällt, muss der Besucher auch umgehend mit den von ihm gewünschten Informationen versorgt werden. Hat der Besucher durch zu

---

[169] vgl. Kreutzer, 2007, S. 93

82

lange Wartezeit das Interesse bereits verloren, kann eine Kontaktaufnahme sogar als störend empfunden werden und zu Verärgerung führen.[170]

Wie bereits beschrieben, kann das Mobile Marketing in allen Messephasen Anwendung finden. Doch gerade die Möglichkeit, den Messebesucher orts- und zeitunabhängig erreichen zu können, erlaubt es die kritische Wartezeit zu verkürzen. Der Besucher kann unmittelbar nach dem Messebesuch eine personalisierte Bestätigung über seine Anfrage oder sogar weitere Informationen zugeschickt bekommen. Dies wirkt sich positiv auf eine von der direkten Kommunikation auf der Messe ausgelösten Begeisterung aus und kann diese auf hohem Niveau stabilisieren.

Um das Interesse des Besuchers im Vorfeld zu steigern bzw. weiterhin aufrecht zu erhalten, bietet sich das sog. AIDA-Modell an, auf das im nächsten Unterkapitel eingegangen wird.

10.2 Das Mobile AIDA-Modell

Das AIDA-Modell beschreibt den mehrstufigen Prozess, den der Kunde bis zum Erwerb eines Produktes oder einer Dienstleistung durchläuft. Dieser Prozess gliedert sich, zeitlich aneinander gereiht, in Aufmerksamkeit (**A**ttention), Interesse (**I**nterest), Erwerbswunsch (**D**esire) und Erwerb (**A**ction).[171] Dieses Modell kann einen hervorragenden Rahmen für eine effiziente Umsetzung von Mobile Marketing Kampagnen bieten.[172]

Um Aufmerksamkeit zu erlangen, kann eine Mobile Marketing Kampagne durch weitere Medien unterstützt werden. Deren Einsatz läuft entweder parallel ab oder die Mobile Marketing Kampagne selbst ist das Ziel und wird durch zusätzliche Kommunikationsmaßnahmen beworben.

---

[170] vgl. Kreutzer, 2007, S. 93
[171] vgl. Bruhn, 2001, 208 f.
[172] vgl. im Folgenden Bauer et al., 2007, S. 27

Das Interesse wird mit großer Wahrscheinlichkeit dann gesteigert, wenn der Messebesucher persönlich eingebunden und ein Dialog mit ihm aufgebaut werden kann. Aufgrund dessen und mit Blick auf die Merkmale der Personalisierung mobiler Endgeräte,[173] kann ein Transfer von Emotionalität erleichtert werden, um damit dieses Interesse weiter zu erhöhen. Im Umkehrschluss gilt: Ohne Emotionalität und deren Aktivierung kann das nötige Interesse nicht gesteigert werden.

Die Einbindung von Gewinnspielen oder Wettbewerben motiviert die Messebesucher zur Teilnahme an einer Mobile Marketing Kampagne. Durch die Teilnahme wird neben dem Interesse auch der Wunsch nach dem Erwerb des Produktes bzw. der Dienstleistung gesteigert.

Letztendlich sollen die Maßnahmen zu einem Erwerb führen. Die starke Einbindung der Teilnehmer durch Response-Elemente und der Einsatz von Gewinnspielen in Kombination, kann wiederum zu viralen Effekten führen und weiteres Interesse generieren. Im besten Fall erfährt die Kampagne eine Optimierung durch eine sich selbständig weiterentwickelnde „Word-of-Mouth"-Kommunikation unter den Nutzern. Verschiedene Kampagnentypen sind im folgenden Abschnitt dargstellt.

10.3 Mobile Marketing in den Hauptzielen von Messen

Die Hauptziele von Messen wurden bereits in einem vorherigen Kapitel dargestellt. Küllenberg und Quente teilen Mobile Marketing in unterschiedliche Kundenbeziehungsphasen ein, die sich auf diese Messeziele übertragen lassen. So wird Mobile Marketing eingesetzt, um Kunden zu gewinnen und den Verkauf zu fördern, das Image und die Markenbildung zu beeinflussen, Marktforschung zu betreiben und Adressen zu generieren und schließlich um die bestehenden Kunden zu binden und einen Kundenservice zu bieten.[174] Anhand aktuell gängiger Kampagnenschemata sollen Möglichkeiten aufgezeigt werden, die Ziele der Messe zu erreichen.

---

[173] vgl. Kapitel 6.2
[174] vgl. im Folgenden Küllenberg; Quente, 2006, S. 108 ff. und Kapitel 6.3

Codebasierte Gewinn-Kampagne

Die hauptsächliche Aufgabe von codebasierten Gewinn-Kampagnen ist es, den Produktverkauf zu fördern. Solche Kampagnen können im Vorfeld als On-Pack-Aktion angelegt werden. Dadurch werten sie das Produkt auf, bieten einen Mehrwert und beeinflussen den Besuch am Messestand bzw. die Kaufentscheidung unmittelbar.

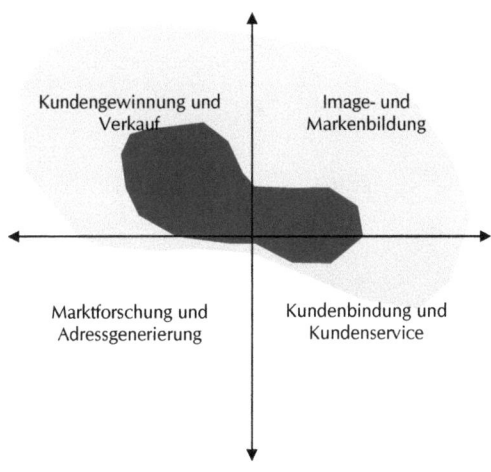

Abbildung 14: Codebasierte-Gewinn-Kampagne

(Quelle: eigene Darstellung in Anlehnung an Küllenberg; Quente,2006, S. 108)

Gutschein-Kampagnen

Die Stärkung spezieller Absatzkanäle oder die Frequenzerhöhung an einem Messestand stehen im Mittelpunkt von Gutschein-Kampagnen. Anlass hierfür kann u. a. eine Produktneueinführung sein.

Diese Kampagnenart eignet sich zusätzlich auch hervorragend für Research- und Service-Aktionen. Gerade Location Based Services binden oft Gutschein-Kampagnen ein. Zusätzlich wird die jeweilige Standortinformation des Nutzers als weiteres Kriterium in die Kampagnenlogik integriert.

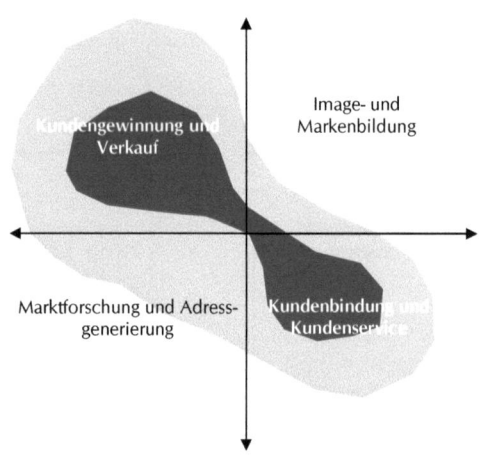

Abbildung 15: Gutschein-Kampagne
(Quelle: eigene Darstellung in Anlehnung an Küllenberg; Quente, 2006, S. 108)

Mobile-Content-Kampagne

Das Einsatzgebiet der Mobile-Content-Kampagne ist sehr breit, ebenso kann sie mit anderen Prozessen kombiniert oder ausgebaut werden. Diese Kampagnenart war in Verbindung mit reinen SMS-Textinhalten eine der ersten Mobile Marketing-Form.

Mittlerweile besteht der Inhalt neben Text auch aus Bild-, Ton- und Videoformaten. Aus diesem Grund lassen sich Mobile-Content-Kampagnen auch optimal über mehrere Kommunikationskanäle parallel einsetzen und bilden gleichzeitig einen Rückkanal, der bei den klassischen Medien fehlt.

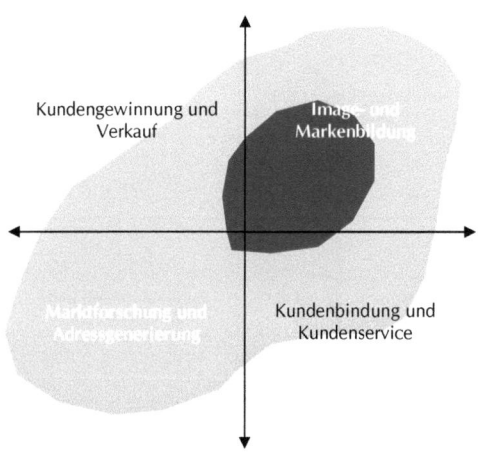

Abbildung 16: Mobile Content-Kampagne

(Quelle: eigene Darstellung in Anlehnung an Küllenberg; Quente, 2006, S. 109)

Virale Kampagne

Bei der viralen Kampagne handelt es sich um eine spezielle Form der Mobile-Content-Kampagne. Sie ist auf eine Verbreitung durch den Nutzer ausgelegt und somit relativ kostengünstig.

Der Inhalt muss so interessant sein, dass der Nutzer ihn weitersenden will. Mit wenig Aufwand kann hier eine hohe Reichweite innerhalb einer Zielgruppe erreicht werden. Allerdings kann durch Ignoranz der Messebesucher eine solche Aktion sehr schnell scheitern und sich imageschädigend auswirken.

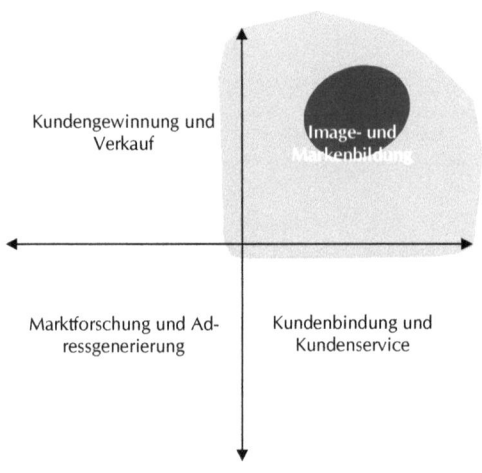

Abbildung 17: Virale Kampagne
(Quelle: eigene Darstellung in Anlehnung an Küllenberg; Quente,2006, S. 109)

10.4 mCRM als Kundenbeziehung

Kundenbindung und Kundenkenntnis können als weitere Ziele einer Messebeteiligung festgelegt werden. Nachdem das Internet den Umgang mit den Kunden verändert hat, kann auch mit einem mobilen Customer Relationship Management die Beziehung zwischen Unternehmen und Kunden erweitert und gestärkt werden.

Der wesentliche Vorteil des mCRM liegt naturgemäß darin, die Kundenbeziehung auch unterwegs zu festigen. Gerade Context-Based Services, auf die in einem folgenden Abschnitt noch eingegangen wird, eignen sich für einen Einsatz auf Messen. Eine Auswahl solcher Dienste wird exemplarisch in der folgenden Tabelle aufgeführt.

Dienst	Beispiel
Trackingdienste	Ortung auf Messen
Navigationsdienste	Weg zum Messestand
Informationsdienste	Informationen über Produktneuheiten
Kommunikationsdienste	Terminierung eines Kundengesprächs
Unterhaltungsdienste	Versand von Videoclips oder Spielen
Transaktionsdienste	Mobile Bezahlmöglichkeiten der Produkte

Abbildung 18: Mobile Dienste im mCRM

(Quelle: eigene Darstellung in Anlehnung an Silberer; Schulz, 2008, S. 155)

Die Verbreitung solcher Dienste geschieht über Weitverkehrsmobilfunknetze wie GSM oder UMTS, drahtlose lokale Netze wie WLAN oder auch über Nahbereichsnetze wie Bluetooth, auf das im nächsten Kapitel eingegangen wird.

10.5 Bluetooth-Marketing

Es wurde bereits erwähnt, dass auf der Messe selbst gerade das Bluetooth-Marketing immer öfter den Messeauftritt eines Unternehmens ergänzt.[175] Im Folgenden wird näher auf einige Möglichkeiten eingegangen.

Definition und Einsatzmöglichkeit

Unter Bluetooth-Marketing werden alle Kommunikationsmaßnahmen verstanden, die sich der vorhandenen Bluetooth-Funktion auf den Mobiltelefonen der Nutzer bedienen. Ziel ist auch hier, neue Kunden bzw. Messebesucher zu erreichen und eine nachhaltige Beziehung zu ihnen aufzubauen.[176]

Der Einsatz von Bluetooth bietet sich im öffentlichen und nicht-öffentlichen Bereich an. Es können Passanten auf Bahnhöfen und Flughäfen, aber eben auch auf Messen und Ausstellungen angesprochen werden. Plakate, Säulen oder Regale am Messestand werden zu interaktiven Medien, mit denen vielfältige Inhalte zur Verfügung gestellt werden können, wie z. B. Links, Texte, Bilder, Videos, Spiele oder auch Applikationen. Alle Mobiltelefone, die in den Funkradius des Senders kommen und deren Bluetooth Funktion eingeschaltet ist, werden mit einer Nachricht kontaktiert und aufgefordert, den Dialog zu initiieren.[177] Das Bluetooth Marketing ist somit auch „permission based",[178] der Messebesucher muss zuerst einer Übermittlung zustimmen.

---

[175] vgl. Kapitel 10.1
[176] vgl. Hammel et al., 2007, S. 5
[177] vgl. ebenda, S. 5 f.
[178] vgl. Kapitel 7.5

Context-Based Services

Die im Vergleich zu Mobilfunk geringe Reichweite wird dadurch ausgeglichen, dass neben Handys auch weitere mit Bluetooth ausgestattete mobile Endgeräte Signale und Daten in einem variablen Umkreis von etwa 30 Metern direkt und schnell empfangen können. Es lässt sich ein kontextueller Bezug zu einem Messestand herstellen, wenn man auf die Empfangsmöglichkeit hinweist. Außerdem lassen sich die angebotenen Informationen unter anderem hinsichtlich Tageszeit, Mobiltelefonmodell und Nutzungshäufigkeit unterschiedlich ansteuern. Diese Kombination von Ort und temporär relevanten Gegebenheiten wird als Context-Based Services bezeichnet. Messebesucher können auf diese Weise direkt am Messestand Unternehmensnachrichten, Produktanwendungen, Bilder, Visitenkarten oder Gutscheine vom Aussteller empfangen.[179] Es handelt sich hierbei um eine Variation der Gutschein-Kampagne.

Mobile Public Gaming

Bluetooth ermöglicht mit dem Mobile Public Gaming eine weitere Interaktionsmöglichkeit im öffentlichen Raum. Es wird bei dieser Nutzungs-Variante die spielerische Echtzeit-Interaktion mehrerer Teilnehmer auf einem großen Display abgebildet. Auf der Jugendmesse „You 2007" wurde dieses System zum ersten Mal präsentiert. Via Bluetooth wurde die Fernsteuerung für „Snake" auf die Mobiltelefone übertragen, bei denen Bluetooth auf an- und sichtbar gestellt war. So konnten die Besucher das Spiel direkt am Messestand auf einer 4m x 3m großen Leinwand mit ihren mobilen Endgeräten fernsteuern.[180]

Innerhalb von zweieinhalb Messetagen wurden am Messestand fast 3.400 Handys geortet, 40% davon wurde die Fernsteuerung gesendet. In 385 Partien kämpften die Mitspieler um Punkte. Der „Gewinn" bestand darin, die eigene Nachricht auf eine Leinwand zu posten.[181]

---

[179] vgl. Küllenberg; Quente, 2006, S.146
[180] siehe auch http://www.youtube.com/watch?v = ORLB2aeyFv8
[181] vgl. http://www.hiwave.de/de/produkte_public-gaming.html

Dem Messebesucher ist dadurch ein unterhaltsamer Mehrwert, ein ansprechendes Entertainment, geboten. Darüber hinaus bleibt ihm der Messestand bzw. die Marke positiv im Gedächtnis.

Ein weiteres Beispiel zeigte sich auf der Frankfurter Buchmesse. Durch den Trend zu E-Books bot ein Verlag eine Auswahl an Büchern und Leseproben zur kostenlosen Übertragung via Bluetooth an. Das Mobiltelefon kann das notwendige Lesegerät ersetzen und somit als Mobilebook dienen. Voraussetzung für einen Download war der Besuch am Messestand, denn nur so konnten sich die Besucher entsprechende Bücher aussuchen und die Bluetooth-Technologie nutzen.

Nutzung von Bluetooth

Die Agentur Haase & Martin hat veranschaulicht, wie Bluetooth sinnvoll nutzbar ist.[182] Eine Kampagne gliedert sich demnach in drei Bereiche: Technologie, Content und Kommunikation. Die Technologie wird beispielsweise in den Sendern, den Hotspots, eingesetzt, um die Inhalte an die umliegenden mobilen Endgeräte zu übertragen. Unterschiedliche Ansprüche, auf die im Folgenden noch eingegangen wird, erfordern unterschiedliche technische Lösungen.

Der Content muss auf die Zielgruppe abgestimmt sein. Maßnahmen im Vorfeld sollten das Interesse am Content beim Nutzer wecken. So muss als Element der Kommunikation der Ort, an dem die Nutzung von Bluetooth angeboten wird, visuell oder akustisch wahrgenommen werden. Es stehen verschiedene Methoden zur Bluetooth-Nutzung zur Verfügung.

Bluetooth Hotspot: Der Hotspot, der Voraussetzung für alle folgenden Beispiele ist, sendet multimediale Inhalte an umliegende Endgeräte. Innerhalb seiner Reichweite wird jeder Nutzer davon angesprochen.

---

[182] vgl. im Folgenden Haase & Martin, 2008, S. 2 ff

Bluetooth Hotspot mit Beschränkung der Reichweite: Wie im vorigen Beispiel werden Inhalte gesendet. Durch die Einschränkung der Reichweite kann ein bestimmter Bereich, z. B. der Messestand, abgegrenzt werden. Bei Aufstellung mehrerer Hotspots können so auch verschiedene Inhalte angeboten werden, die nur innerhalb des entsprechenden Bereichs erhalten werden können.

Bluetooth Hotspot mit Beschränkung der Reichweite und Touch Opt-In: Hierbei handelt es sich um eine noch stärkere Eingrenzung der Reichweite auf einen kleinen Punkt am Hotspot selbst. Der Besucher ist so gezwungen den Messestand zu betreten, wenn er den mobilen Content erhalten möchte.

Bluetooth Hotspot mit Content-Auswahl: Durch unterschiedlichen Content wird eine größere Menge von Nutzern angesprochen. Es gibt mehrere Möglichkeiten, sich den Content auszuwählen. So ist es beispielsweise möglich, durch ein Schlüsselwort den Inhalt zu bestimmen. Der Nutzer sendet einen entsprechenden Code via Bluetooth an den Hotspot und erhält dann den gewünschten Content. Aber auch sogenannte Bluetooth Service Terminals offerieren diesen Service. Diese Hotspots mit grafischer Benutzeroberfläche ermöglichen es dem Messebesucher, die Datei(en) direkt auszuwählen und diese dann auf sein mobiles Endgerät übertragen zu bekommen.

Die angeführten Beispiele unterscheiden sich im Wesentlichen vor allem durch die Nutzerfreundlichkeit, die Rechtssicherheit und natürlich die Content-Vielfalt.

10.6 Near Field Communication Marketing

Die Near Field Communication (NFC) ist neben Bluetooth eine weitere Nahfeldübertragungstechnik. Sie verbindet Eigenschaften von RFID[183] und kontaktlosen SmartCards. Durch die unmittelbare Annäherung von zwei NFC-fähigen Geräten wird automatisch eine Verbindung aufgebaut; die Geräte wissen, welche Aufgaben zu erfüllen sind und beginnen unmittelbar mit dem Datenaustausch.[184]

Das Near Field Communicaton Marketing bietet verschiedene Interaktionsmöglichkeiten bei Berührung der Geräte. Es kann eine vorbereitete SMS auf dem Display angezeigt werden. Der Messebesucher muss diese nur noch senden, um etwa an einem Gewinnspiel teilnehmen zu können. Eine weitere Möglichkeit ist der automatische Download der elektronischen Visitenkarte des Ausstellers, um die Kontaktdaten dauerhaft im Mobiltelefon zu speichern. Ebenso ist eine direkte Verbindung zum Internet möglich. Durch einfaches Berühren wird eine URL angezeigt, die nur noch bestätigt werden muss, um auf eine Website zu gelangen.[185] Auch Bezahlvorgänge sind über die NFC-Technologie möglich, denn das Handy kann durch die auf der SIM-Karte gespeicherten Informationen als elektronische Geldbörse, ID-Card oder E-Ticket genutzt werden.[186]

NFC befindet sich am Anfang und hat noch keine große Relevanz für das Marketing.[187] Momentan existieren auch nur wenige Mobiltelefone, die NFC-fähig sind. 2011 sollen allerdings schon 12% aller Handys weltweit NFC-fähig sein, 52 Millionen Menschen werden dann auch mit dem mobilen Endgerät bezahlen.[188] Nach einer aktuellen Studie werden 2013 schon 20% aller Handys weltweit NFC-fähig sein, es soll dann ein Volumen von insgesamt 75 Milliarden US$ mit diesen Handys in Form von Mobile Payment abgewickelt werden.[189]

---

[183] Radio Frequency Identification Technology: Daten können berührungslos und ohne Sichtkontakt gelesen und gespeichert werden.
[184] vgl. Täubrich, 2006, S. 52
[185] vgl. http://www.hiwave.de/de/produkte_nfc-touch-and-go.html
[186] vgl. Täubrich, 2006, S. 52
[187] vgl. Steimel et al., 2008, S. 29
[188] vgl. http://www.mobile-zeitgeist.com/2007/10/30/studie-52-millionen-menschen-bezahlen-2011-mit-dem-handy/
[189] vgl. http://www.mobile-zeitgeist.com/2008/07/15/studie-nfc-mobile-payment-transaktionen-im-wert-von-75-milliarden-us-in-2013/

Bei dieser Technologie handelt es sich um eine interessante Entwicklung im Marketing, deren Bedeutung zukünftig stark zunehmen wird.

10.7 Mobile Tagging

Die entsprechende Software vorausgesetzt, können mobile Endgeräte über die eingebaute Kamera Barcodes auslesen. Es handelt sich dabei um Hyperlinks innerhalb der realen Welt. Durch diese sog. QR-Codes (Quick Response Codes) lassen sich „First Life" und Internet verlinken, aber auch das direkte Abrufen von Texten, SMS oder Telefonnummern ist möglich. Es besteht auch hier die Option, weiterführende Informationen auf dem mobilen Endgerät bereitzustellen.

Die Technologie des Mobile Tagging kann ebenso für das Couponing oder Ticketing (virtuelle Rabatt- und Eintrittskarten) eingesetzt werden. In diesem Fall muss keine Software installiert sein, da der Code auf dem Handydisplay von einem speziellen Lesegerät erkannt wird. So wird auch ein bequemer Ticketkauf (z.B. Gästekarten, Bahntickets, Verzehrgutscheine) von unterwegs möglich, ohne auf einen Drucker angewiesen zu sein. Auch diese Technologie eignet sich zur Ergänzung des eigenen Messeauftritts.

10.8 Wertschöpfungskette

Anhand einiger Beispiele konnten die Anwendungsmöglichkeiten beschrieben werden. Die weiteren Erläuterungen zeigen nun auf, wer im Verlauf der Nutzung von Mobile Marketing, auch bei der am Messestand angewandten, involviert ist.[190]

Am Anfang steht das Unternehmen, das als Aussteller die Möglichkeiten des Mobile Marketing zur Erreichung der Ziele einer Messebeteiligung nutzen möchte. Eine Agentur kann bei der Wahl der richtigen Mobile Marketing Maßnahme(n) beratend auftreten und diese konzeptionell in die vorhandene Unternehmenskommunikation integrieren. Daran anschließend muss der mobile Content durch einen Anbieter

---

[190] vgl. im Folgenden Schmid, 2009, S. 34 ff

hergestellt werden. Damit der Content auch auf die mobilen Endgeräte übertragen werden kann, stellt ein sogenannter Mobile Marketing Enabler die technische Infrastruktur her. Dazu zählen die bereits angesprochenen Hotspots des Bluetooth Marketing. Ein Aggregator schafft dann den Knotenpunkt zu den verschiedenen Mobilfunknetzen und stellt sicher, dass der mobile Content auch den richtigen, vorgesehenen Weg findet. Der Content kommt dann über den entsprechenden Anbieter zum Messebesucher. Folgendes Diagramm zeigt den Weg von der Idee bis zum mobilen Endgerät.

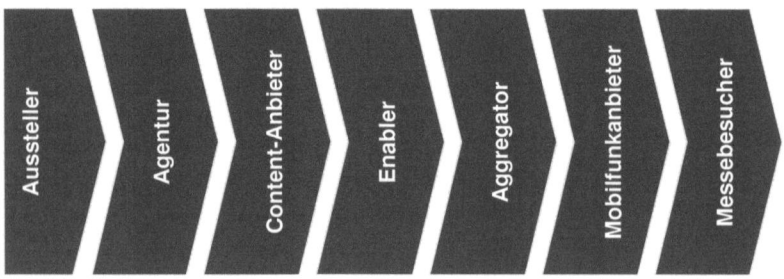

Abbildung 19: Wertschöpfungskette
(Quelle: eigene Darstellung in Anlehnung an Schmid, 2009, S. 34)

10.9 Fazit

Die vorangegangenen Ausführungen zeigten einige Möglichkeiten zur Einbindung von Mobile Marketing in das Messe-Marketing der Aussteller auf. Insbesondere mit Fokus auf den Mehrwert für Messebesucher kann dem Bluetooth-Marketing enormes Potential zugesprochen werden. Allerdings entsteht Effektivität nur in Verbindung mit weiteren Kommunikationsinhalten, die über klassische Medien oder idealerweise auch über den mobilen Kanal verbreitet werden.

Deshalb, aber auch zur Generierung möglichst umfangreicher Synergien, ist es überaus wichtig, die mobilen Marketing-Maßnahmen in die Kommunikationspolitik des ausstellenden Unternehmens zu integrieren.

11 Umfrage

11.1 Vorgehensweise

Mobile Marketing wurde immer wieder als Marketing-Medium der Zukunft beschrieben, konnte die Erwartungen aber nie erfüllen. Allerdings erhöhen mittlerweile Unternehmen ihre Budgets für mobile Maßnahmen in einem so hohen Maße, dass begründet diagnostiziert werden kann: „Jetzt ist Mobile Marketing da".[191]

Um diese Aussage zu überprüfen und Aufschluss über das momentane Nutzerverhalten von Messebesuchern sowie die Akzeptanz gegenüber mobilen Marketing-Maßnahmen zu erhalten, wurde im Rahmen der Recherchen zu dieser Publikation auch eine Umfrage durchgeführt. Ein Fragebogen wurde in der Zeit vom 3. Mai 2008 bis zum 16. Mai 2008 online gestellt und konnte anonym beantwortet werden. Es handelte sich, bis auf wenige Ausnahmen, um geschlossene Fragen, für deren Beantwortung im Schnitt etwa sieben Minuten benötigt wurden.

Während der zweiwöchigen Umfragezeit wurden insgesamt 185 Teilnehmer gezählt, von denen 172 den Fragebogen vollständig mit allen 20 Fragen bearbeitet hatten und in die Auswertung einbezogen werden konnten. Dabei handelte es sich um 99 weibliche (57,6%) und 73 männliche Teilnehmer (42,4%). Da sich die Untersuchung auf den B2C-Sektor konzentriert, war es wichtig bei der Umfrage einen allgemein gültigen Querschnitt zu erhalten und sich nicht nur auf eine spezifische Zielgruppe zu beschränken, etwa bezogen auf Alter und Beruf.

Das Teilnehmerfeld im Alter von 18 bis 59 Jahren erstreckte sich daher von Schülern und Studenten über Finanzdienstleister, Juristen, Werbetexter, Projektleiter oder Hochschulprofessoren, bis hin zu Teilnehmern, die sich bereits im Ruhestand befinden. Prinzipiell, - mit Blick auf die B2C-Messen - sind alle Teilnehmer potenzielle Messebesucher.

---

[191] vgl. Steimel et al., 2008, S. 6

In die Umfrage selbst wurden Kontrollfragen eingebaut, die keinen eigentlichen Bezug zur Thematik der Ausarbeitung haben, aber einen Vergleich mit anderen Studien ermöglichen. Da sich diese Ergebnisse gleichen, kann daher auch von einer Repräsentativität ausgegangen werden.

Im Folgenden werden relevante Ergebnisse in Auszügen dargestellt und interpretiert.

11.2 Darstellung und Interpretation der Ergebnisse

Mobile Marketing wird, unabhängig von der speziellen Anwendung für Messen, bereits seit längerem eingesetzt. So haben auch bereits weit über die Hälfte der Umfrageteilnehmer (65,1%) Werbung auf dem Handy empfangen. Abbildung 20 zeigt die Häufigkeit der Formate, bezogen auf die Anwendung bei den Umfrageteilnehmern.

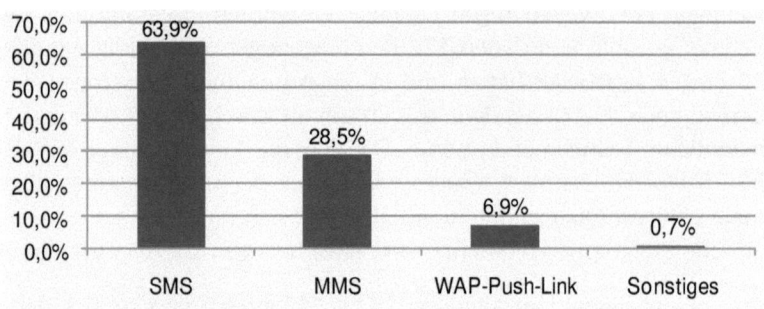

Abbildung 20: Verteilung der Mobile Marketing Formate

(Quelle: eigene Darstellung)

Die SMS ist noch immer das gängigste Format der Mobile Marketing-Maßnahmen. Allerdings zeigt das Ergebnis auch, dass die MMS eine immer wichtigere Stellung einnimmt, ebenso wie die wachsende Anzahl an WAP-Push-Links. Sie sind im Begriff die SMS mittelfristig als wichtigstes mobiles Medium abzulösen.[192]

Die SMS kann im Vergleich zu multimedialen Botschaften nicht immer einen Mehrwert generieren. Das zeigt sich auch in der Beurteilung der empfangenen Botschaften. Nur etwa 4% finden Werbebotschaften über den mobilen Kanal nützlich oder interessant. Im Gegensatz dazu fühlen sich 20,4% davon leicht gestört und ganze 68% empfinden mobile Werbebotschaften sogar als lästig.

Über 30% der Teilnehmer haben innerhalb eines Jahres mehr als fünf Messen oder Ausstellungen besucht, ein Fünftel davon sogar mehr als zehn. Insgesamt sieht sich die größte Gruppe mit 39,5% als praxis-orientierte Messenutzer. Ihnen geht es primär um Informationsbeschaffung und sie sind kaum bzw. nur oberflächlich vorbereitet. 15,7% besuchen die Messe punktuell, auch ihnen geht es um Informationsbeschaffung, allerdings sind sie gezielt auf die Messe vorbereitet. Weitere 11,1% nutzen die Messe intensiv, neben Informationen geht es ihnen um Kontaktpflege und Marktbeobachtung. 33,7% bummeln über die Messe ohne ein festes Ziel zu haben.

Vor allem die Messebummler, immerhin ein Drittel der Befragten, sind für Botschaften empfänglich. Sie bringen potenziell mehr Interesse für „spontane Zusatzinformationen" auf als Besucher, die gezielt über die Messe gehen. Für diese Kommunikation eignet sich u.a. das Bluetooth-Marketing.[193]

---

[192] vgl. http://www.absatzwirtschaft.de/Content/_pv/_p/1003002/_t/fthighlight/ highlight-key/sms/_b/63991/default.aspx/sms-koennte-als-wichtigstes-mobiles-werbemedium-abgeloest-werden.html
[193] vgl. Kapitel 10.4

Zwar haben 25% die Bluetooth-Funktion generell deaktiviert bzw. keine Bluetooth-Funktion verfügbar, aber – im Gegensatz zur grundsätzlichen Abneigung gegenüber Werbung, die über den mobilen Kanal eingeht – 63,6% der Bluetooth-Nutzer finden es nützlich bzw. interessant, beim Betreten eines Messestandes Informationen über Produkte oder Gutscheine übermittelt zu bekommen. Generell nützliche Informationen oder Gutscheine zu lokalen Angeboten abrufen zu können, wünschen sich knapp 54%. Das zeigt, dass Messeaussteller, die diese Chance wahrnehmen, definitiv von einer solchen Möglichkeit profitieren könnten. Allerdings wird diese Form der Kommunikation bislang nur zurückhaltend genutzt. Bisher haben erst 6,4% auf Messen und Ausstellungen Zusatzinformationen per Handy empfangen.

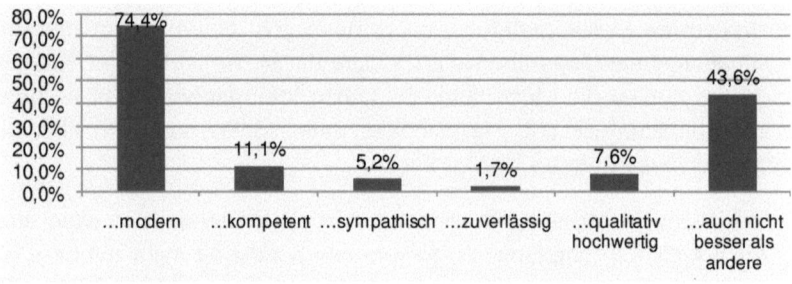

Abbildung 21: Image bei Nutzung mobiler Kanäle
(Quelle: eigene Darstellung)

Die Nutzung mobiler Kommunikation wirkt sich auch auf das Image des Unternehmens aus. Abbildung 21 zeigt, wie ein Unternehmen gesehen wird, das einem Messebesucher Zusatzinformationen über die Produkte per Handy anbietet. Hier waren Mehrfachnennungen möglich.

Es kann hieraus gefolgert werden, dass gerade junge Unternehmen oder Unternehmen, die ihr Image verjüngen wollen, mit Mobile Marketing ein wirkungsvolles Kommunikationsinstrument zur Verfügung haben.

Neben der Verwendung von Bluetooth als Übertragungstechnologie existieren weitere Möglichkeiten, den Messebesucher über sein mobiles Endgerät anzusprechen. Diese sind aber im Vergleich zu den bereits genannten Zahlen als nicht relevant einzuordnen. So ist die Verbreitung von NFC noch so gering, dass erst 5,8% überhaupt von dieser Technologie gehört haben. Es ist allerdings davon auszugehen, dass sich diese Zahl in den nächsten Jahren stark erhöhen wird.[194] Damit wird auch die Möglichkeit in einem größeren Umfang genutzt werden, mit dem Handy direkt vor Ort für ein Produkt oder eine Dienstleistung zu bezahlen. Auch das haben bisher erst 6,4% der Befragten getan.

Noch geringer ist die Nutzung von QR-Codes. Erst 2,3% haben einen solchen Code fotografiert, um an weitere Informationen zu gelangen. Ausschlaggebend dafür ist vor allem die noch geringe Verbreitung, denn über ein Viertel der Befragten (27,3%) haben einen solchen Code noch nie gesehen.

Dagegen wird das mobile Internet verhältnismäßig stark genutzt, 23,2% der Befragten sind mobil online. Es ist hier ein weiterer Anstieg zu erkennen,[195] was durch die mittlerweile günstig angebotenen mobilen Volumentarife zu erklären ist. Die prognostizierten 38% für 2013 scheinen demnach auch realistisch erreichbar zu sein.

Es stellt sich daneben noch die Frage, wie die momentanen Endgeräte der Messebesucher ausgestattet sind, um eventuelle Rückschlüsse auf die Nutzungsmöglichkeit der verschiedenen mobilen Kommunikationsausprägungen ziehen zu können. Abbildung 22 bietet hierzu eine Übersicht an, auch hier waren wieder Mehrfachnennungen möglich.

Es ist deutlich zu erkennen, dass solche Geräte die technischen Voraussetzungen besitzen, um durch das Mobile Marketing angesprochen zu werden. Selbst die effektive Nutzung von Location Based Services ist dadurch gegeben, dass viele Geräte (29,1%) mittlerweile über ein GPS verfügen, das kaum Ortungstoleranzen zulässt. Auch die Verbreitung von QR-Codes könnte problemlos ausgeweitet werden, denn schließlich sind 77,9% der Mobiltelefone mit einer hochauflösenden

---

[194] vgl. Kapitel 10.5
[195] vgl. Kapitel 7.2.2

Kamera ausgestattet, die zum Einlesen solcher Codes erforderlich ist. 79,7% der Mobiltelefone bieten für eine zugehörige Verlinkung einen Zugang zum Internet an.[196]

Als einzige noch nicht ausreichend verfügbare Technik zeigt sich, wie bereits erwähnt, die Near Field Communication (NFC). Lediglich 2,3% der Geräte sind für diesen Übertragungsstandard bereits ausgerüstet. Diese Funktion steht – gemeinsam mit der Möglichkeit, TV über DVB-T/H zu empfangen – aber ebenfalls noch ganz unten auf der Liste der Eigenschaften, auf die beim Kauf eines neuen Handys geachtet wird (jeweils 2,9%). Dort befinden sich ebenfalls technische Eigenschaften wie WLAN oder Touchscreen. Die wichtigsten Eigenschaften für einen Neuerwerb sind die Akkuleistung (81,4%), Größe und Design der Geräte (80,2%), deren leichte Bedienbarkeit (72,7%) sowie Bluetooth (61,6%).

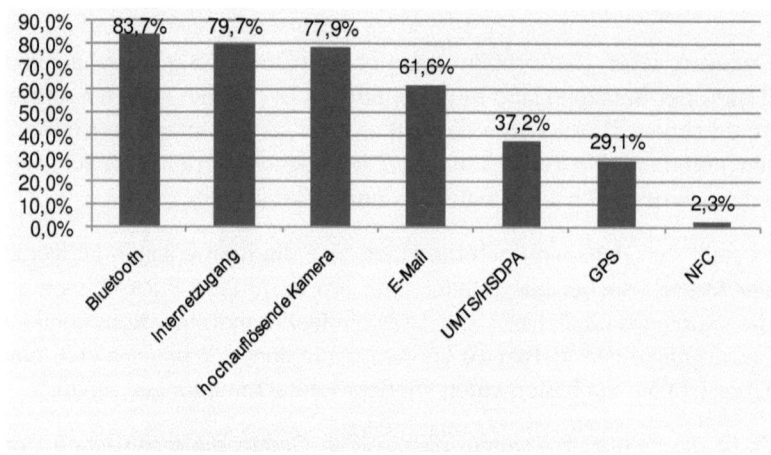

Abbildung 22: Funktionen der mobilen Endgeräte

(Quelle: eigene Darstellung)

---

[196] vgl. Kapitel 7.2.6

12 Zusammenfassung und Ausblick

Es existieren vielfältige Möglichkeiten zur Einbindung von Mobile Marketing in das spezifische Messe-Marketing der Aussteller. Insbesondere dem Bluetooth-Marketing kann aus heutiger Sicht enormes Potential zugesprochen werden – besonders mit dem Ansatz, für Messebesucher einen Mehrwert zu generieren. Allerdings muss beachtet werden, dass dies nur in Verbindung mit solchen Marketing-Maßnahmen effektiv ist, die über klassische Medien oder im Idealfall auch über den mobilen Kanal kommuniziert werden können.

Davon unabhängig ist es von essentieller Bedeutung, die mobilen Marketing-Maßnahmen in die Kommunikationspolitik des ausstellenden Unternehmens vollständig zu integrieren; nur so können mögliche Synergien genutzt werden.

Momentan besitzt Mobile Marketing auf Messen noch keine große Bedeutung. Nur wenige Aussteller bieten eine interaktive Kommunikation über den mobilen Kanal an, die Messebesucher sind mit den neuen Möglichkeiten noch nicht vertraut. Aufgrund der relativen Neuartigkeit existiert diesem Marketinginstrument gegenüber zudem eine gewisse Skepsis.

Allerdings sind alle Voraussetzungen vorhanden, um mit diesem Medium Kunden bzw. Messebesucher erfolgreich anzusprechen. Es ist davon auszugehen, dass mittelfristig immer mehr Aussteller ihren Messeauftritt mit Elementen des Mobile Marketing ergänzen. Schließlich bietet dieses Medium alle Eigenschaften, um den Trends und Entwicklungstendenzen im Messemarketing gerecht zu werden. Verbunden mit einer größeren Ausprägung wird auch das Mobile Marketing auf Messen stark an Bedeutung gewinnen. Zunächst sicherlich bei den Unternehmen, die neuen Marketinginstrumenten offen gegenüber stehen und sich hinsichtlich ihrer Mitbewerber kommunikationspolitisch differenzieren wollen.

Mobile Marketing wird die klassischen Instrumente nicht ersetzen, sondern, wie bereits erwähnt, Synergien erschließen und daneben als Partialinstrument dem Messemarketing auf dem Weg in die Zukunft behilflich sein. Dabei ist zu beachten, dass die Nutzung von Synergien

nur durch eine Integration in die Unternehmenskommunikation ermöglicht wird.

Dieser neue Kommunikationskanal bietet enorme Vorteile, die Aussteller in vielfältiger Art und Weise für sich nutzbar machen können. Dies
gilt beispielsweise auch für Aspekte im Zusammenhang mit einem
ganzheitlichen Messe-Controlling. Effektivität und Effizienz im Kontext
klar strukturierter und im Vorfeld definierter Messeziele sollen messbar
gemacht werden. Durch die Möglichkeit des direkten Rückkanals bietet das Mobile Marketing eine Funktion an, damit eine Marketing-
Kampagne zu steuern und den Erfolg aus Sicht der Informations-
empfänger zu evaluieren.

Die rasche Weiterentwicklung der mobilen Informations- und Kom-
munikations-Möglichkeiten nimmt zunehmend Einfluss auf alle Käufer-
schichten. Aussteller sollten diesen Trend positiv annehmen und im
besten Fall prospektiv reagieren. Eigene Konzepte zur Nutzung von
Mobile Marketing sollen dabei ständig mit Wünschen, Erwartungen
und Ansprüchen der Besucher abgeglichen werden.

Mobile Marketing als innovatives und integratives Teilelement der Un-
ternehmenskommunikation kann dann Sinn und Nutzen stiftend von
Ausstellern für Messebesucher eingesetzt werden und einen wichtigen
Beitrag zur Zielerreichung leisten. Darüber hinaus kann es auch im
Planungsprozess einer Messebeteiligung bereits Impulsgeber oder gar
Bestimmungsfaktor für die Definition von Zielen sein.

Quellenverzeichnis

Literatur

Arnold, Dieter (2003): Erfolgreiches Messemarketing. Renningen: expert-Verlag.

Bensberg, Frank (2002): WAP Log Mining als Instrument der Marketingforschung für Mobile Commerce. In: Silberer, Günter et al. (Hrsg): Mobile Commerce. Grundlagen, Geschäftsmodelle, Erfolgsfaktoren. Wiesbaden: Gabler.

Bruhn, Manfred (2001): Marketing. Wiesbaden: Gabler.

Bruhn, Manfred (2005): Unternehmens- und Marketingkommunikation. Handbuch für ein integriertes Kommunikationsmanagement. München: Vahlen.

Bruhn, Manfred (2006): Integrierte Unternehmens- und Markenkommunikation. Stuttgart: Schäffer-Poeschl.

Buse, Stephan (2002): Der mobile Erfolg. In: Keuper, Frank (Hrsg.): Electronic Business und Mobile Business. Wiesbaden: Gabler.

Esch, Franz-Rudolf (2006): Wirkung integrierter Kommunikation. Wiesbaden: DUV.

Fuchs, Nina (2006): Messen im Marketing – Mix. Faktoren für einen erfolgreichen Messeauftritt. Saarbrücken: VDM Verlag.

Fuchs, Wolfgang; Unger, Fritz (2007): Management der Marketing-Kommunikation. Berlin: Springer.

Gerpott, Torsten J. (2002): Wettbewerbsstrategische Positionierung von Mobilfunknetzbetreibern im Mobile Business. In: Silberer, Günter et al. (Hrsg.): Mobile Commerce. Wiesbaden: Gabler.

Hartmann, Wolfgang et al. (2004): Kundenclubs & more. Innovative Konzepte zur Kundenbindung. Wiesbaden: Gabler.

Hippel, Stephanie H. (2005): Mobile Branding. Berlin: VDM.

Holland, Heinrich; Bammel, Kristin (2006): Mobile Marketing. Direkter Kundenkontakt über das Handy. München: Vahlen.

Homburg, Christian; Homburg-Stock, Ruth (2006): Theoretische Perspektiven zur Kundenzufriedenheit. In: Homburg, Christian (Hrsg.): Kundenzufriedenheit. Konzepte - Methoden - Erfahrungen. Wiesbaden: Gabler.

Huckemann, Matthias et al. (2005): Messen messbar machen. Berlin: Springer.

Kirchgeorg, Manfred; Klante, Oliver (2003): Strategisches Messemarketing. In: Kirchgeorg, Manfred et al. (Hrsg.): Handbuch Messemanagement. Wiesbaden: Gabler.

Kotler, Philip; Bliemel, Friedhelm (2006): Marketing-Management. München: Pearson.

Kotler, Philip et al. (2007): Grundlagen des Marketing. München: Pearson.

Kroeber-Riehl, Werner (2001): Integrierte Kommunikation. In: Diller, Hermann (Hrsg.): Vahlens großes Marketing Lexikon. München: Beck.

Küllenberg, Bosse; Quente, Christopher (2006): Brand's New Toy. Landsberg a. L.: mi-Fachverlag.

Lasslop, Ingo et al. (2007): Erfolgsbeurteilung von Events. In: Nickel, Oliver (Hrsg): Eventmarketing. München: Vahlen.

Lippert, Ingo (2002): Mobile Marketing. In: Gora, Walter; Roettger-Gerigk, Stefanie (Hrsg.):Handbuch Mobile Commerce. Berlin: Springer.

Meffert, Heribert (2000): Marketing. Wiesbaden: Gabler.

Möhlenbruch, Dirk; Schmieder, Ulf-Marten (2002): Mobile Marketing als Schlüsselgröße für Multichannel-Commerce. In: Silberer, Günter et al. (Hrsg): Mobile Commerce. Grundlagen, Geschäftsmodelle, Erfolgsfaktoren. Wiesbaden: Gabler.

Oswald, Alexander; Tauchner, Gerald (2005): Mobile Marketing. Wie sie Kunden direkt erreichen. Wien: Linde.

Rodekamp, Volker (2003): Zur Geschichte der Messen in Deutschland und Europa. In: Kirchgeorg, Manfred et al. (Hrsg.): Handbuch Messemanagement. Wiesbaden: Gabler.

Röttger-Gerigk, Stefanie (2002): Mobile Dienste – Aber welche?. In: Gora, Walter; Röttger-Gerigk, Stefanie (Hrsg): Handbuch Mobile Commerce. Technische Grundlagen, Marktchancen und Einsatzmöglichkeiten. Berlin: Springer.

Schäfer, Arno D. (2005): Mobile Marketing im Media-Mix. In: Giordano, Markus (Hrsg.): Mobile Business. Wiesbaden: Gabler.

Selinski, Hannelore; Sperling, Ute A. (1995): Marketinginstrument Messe. Köln: Bachem.

Steiner, Marina (2007):Mobile Marketing. Die Zukunft der direkten und interaktiven Kommunikation. Saarbrücken: VDM.

Täubrich, Klaus; Schildhauer, Thomas (Hrsg.) (2006): Erfolgreiche Kundengewinnung mit Mobile Marketing. Göttingen: Business Village.

Turowski, Klaus; Pousttchi, Key (2004): Mobile Commerce. Berlin: Springer.

Wohlfahrt, Jürgen (2002): Wireless Advertising. In: Silberer, Günter et al. (Hrsg.): Mobile Commerce. Wiesbaden: Gabler.

Zobel, Jörg (2001): Mobile Business und M-Commerce. Die Märkte der Zukunft erobern. München: Hanser Verlag.

Studien / Whitepaper

Accenture (2008): *Mobile Web Watch 2008.* Abrufbar unter www.accenture.com.

AUMA (1996): *Leitsätze zur Typologie von Messen und Ausstellungen.* Abrufbar unter www.auma-messen.de.

AUMA (2007a): *Die Messewirtschaft: Fakten, Funktionen, Perspektiven.* Abrufbar unter www.auma-messen.de.

AUMA (2007b): *Die Messewirtschaft: Bilanz 2006.* Abrufbar unter www.auma-messen.de.

AUMA (2008): *Die Messewirtschaft: Bilanz 2007.* Abrufbar unter www.auma-messen.de.

Bauer, Hans H. et al. (2004): *Bestimmungsfaktoren der Konsumentenakzeptanz von Mobile Marketing in Deutschland.* Mannheim: Institut für marktorientierte Unternehmensführung.

Bauer Hans H. et al. (2007): *Effective Mobile Marketing. An Empirical Study.* Mannheim: Institut für marktorientierte Unternehmensführung.

Haase & Martin GmbH (2008): *Methoden des Bluetooth Marketing.* Abrufbar unter www.haaseundmartin.de.

Hammel, Holger et al. (2007): *Bluetooth Marketing als Bestandteil moderner Kommunikationsstrategien.* Abrufbar unter www.bt-leitfaden.de.

Kirchgeorg, Manfred et al. (2007): *Szenarioanalyse „Messen 2020".* In: AUMA (Hrsg.): Messewirtschaft 2020. Abrufbar unter Abrufbar unter www.auma-messen.de.

Kreutzer, Ralf T. (2007): *Messen 2020: Auf neuen Wegen zu erfolgreichen Messen.* In: AUMA (Hrsg.): Messewirtschaft 2020. Abrufbar unter Abrufbar unter www.auma-messen.de.

Schmid, Aleksandra (2009): *The road ahead is not an easy one, so bring a map with you.* In: Scholz, Heike (Hrsg.): Mobile Marketing / Mobile Advertising. Abrufbar unter www.mobile-zeitgeist.com.

Steimel, Bernhard et al. (2008): *Praxisleitfaden Mobile Marketing.* Abrufbar unter www.absatzwirtschaft.de/mobile-marketing.

Internetquellen

www.hiwave.de/de/produkte_public-gaming.html, Abruf am 12.07.08

www.hiwave.de/de/produkte_nfc-touch-and-go.html, Abruf am 12.07.08

www.mobile-zeitgeist.com/2007/10/30/studie-52-millionen-menschen-bezahlen-2011-mit-dem-handy/, Abruf am 12.07.08

www.famab.de/famab/branchendaten/branchendaten.html, Abruf am 13.07.08

www.forrester.com/Research/Document/Excerpt/07211,42199,00.html Abruf am 17.07.08

www.aifb.uni-karlsruhe.de/Forschungsgruppen/BIK/wi2007/papers/wi-2007-1-053.pdf, Abruf am 19.07.08

www.mobile-zeitgeist.com/2008/03/25/mehr-smart-in-phones/, Abruf am 20.07.08

mobile-zeitgeist.com/2008/07/15/studie-nfc-mobile-payment-transaktionen-im-wert-von-75-milliarden-us-in-2013/, Abruf am 20.07.08

www.absatzwirtschaft.de/Content/_pv/_p/1003002/_t/fthighlight/highlightkey/sms/_b/63991/default.aspx/sms-koennte-als-wichtigstes-mobiles-werbemedium-abgeloest-werden.html, Abruf am 20.07.08

www.auma-messen.de/_pages/d/16_Download/download/ Verbandsinformationen_ Typologie.pdf, Abruf am 20.07.08

www.youtube.com/watch?v = ORLB2aeyFv8, Abruf am 21.07.08

www.bundesnetzagentur.de/media/archive/15901.pdf, Abruf am 03.08.09

Anhang

Auswertung der Umfrage

Im Folgenden sind die Ergebnisse der Umfrage dargestellt. Auf die Antworten der offenen Fragen wird aus Platzgründen verzichtet.

Allgemeine Informationen zur Umfrage:

Start der Umfrage: 03.05.2008

Ende der Umfrage: 16.05.2008

Laufzeit: 13 Tage

Teilnehmer: 172

Ø Teilnahmezeit: 07:12

Frage 1: „Zu welcher Altersgruppe zählen Sie?"

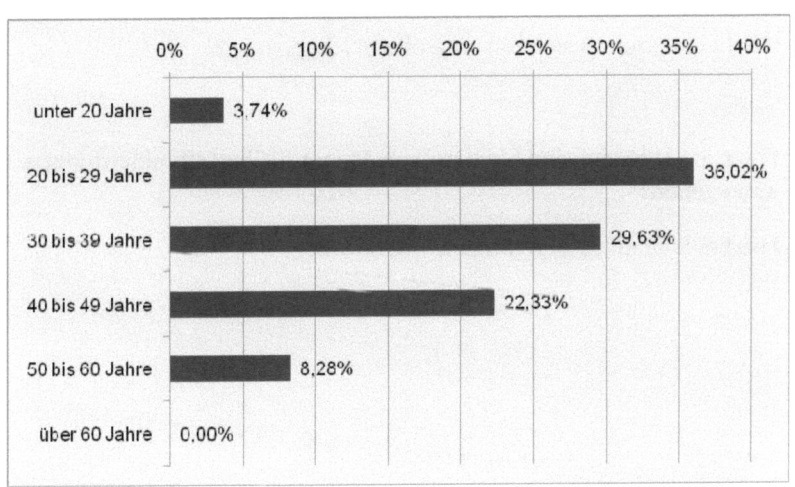

Frage 2: „Geben Sie bitte Ihr Geschlecht an."

	0%	10%	20%	30%	40%	50%	60%	70%

weiblich   57,56%

männlich   42,44%

Frage 3: „Welche Tätigkeit/Beruf üben Sie momentan aus?"

Hierbei handelt es sich um eine offene Frage.

Frage 4: „Wie hoch ist momentan ihre monatliche Mobilfunkrechnung (Vertragskunde) bzw. wie viel geben Sie im Monat für Mobilfunkleistungen aus (Prepaid)?"

Hierbei handelt es sich um eine offene Frage.

Frage 5: „Wie viel sind Sie bereit im Monat für Mobilfunkleistungen auszugeben?"

Hierbei handelt es sich um eine offene Frage.

Frage 6: „Nutzen Sie das mobile Internet?"

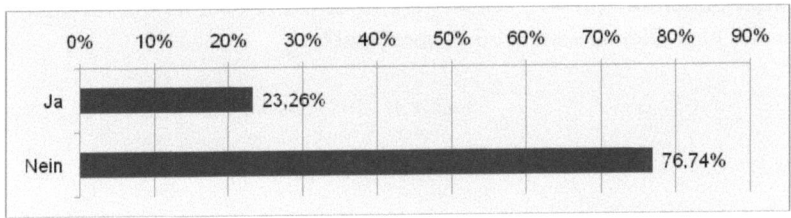

Frage 7: „Nutzen Sie die Möglichkeit, mit dem Handy für Produkte oder Dienstleistungen zu bezahlen?"

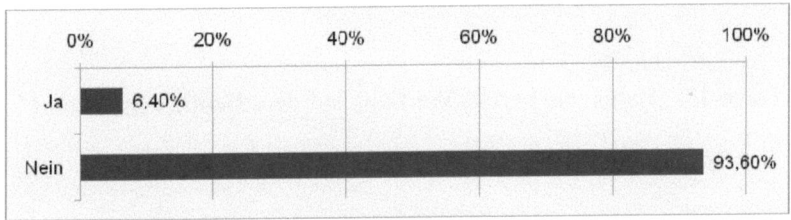

Frage 8: „Haben Sie schon von NFC (Near Field Communication) gehört?"

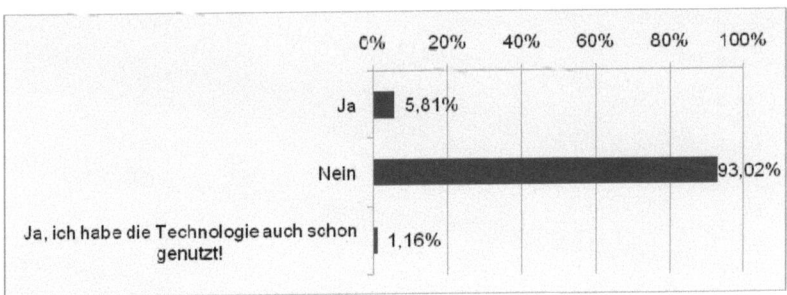

Frage 9: „Haben Sie bereits mit Ihrer Handy-Kamera einen 2D-Code (QR-Code) fotografiert, um weitere Informationen über ein Produkt oder eine Dienstleistung zu bekommen?"

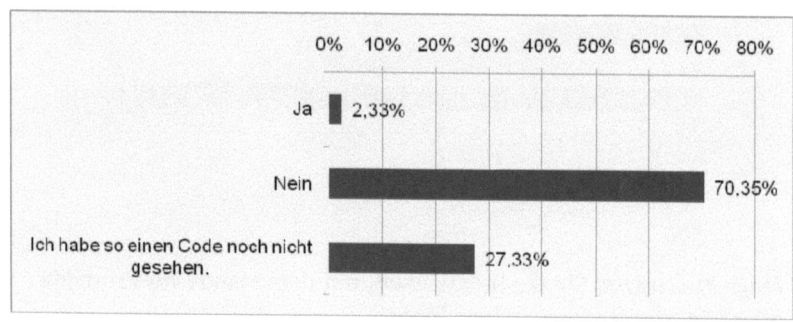

Frage 10: „Haben Sie bereits Werbung auf dem Handy empfangen?"

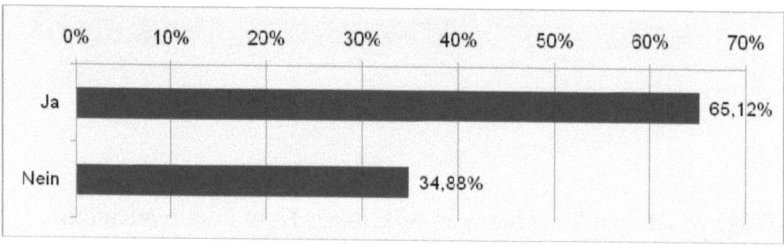

Frage 11: „ Falls Sie schon Werbung empfangen haben, welches Format hatte die Werbung?" (Mehrere Antworten möglich)

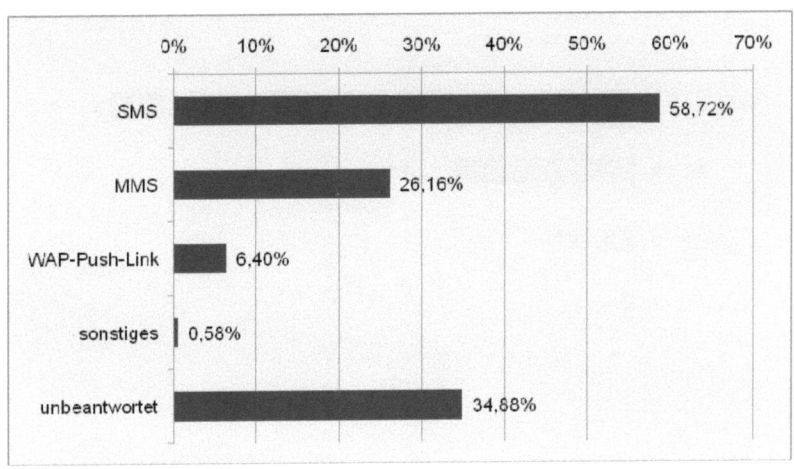

Frage 12: „Was denken Sie generell von Werbebotschaften auf dem Handy?"

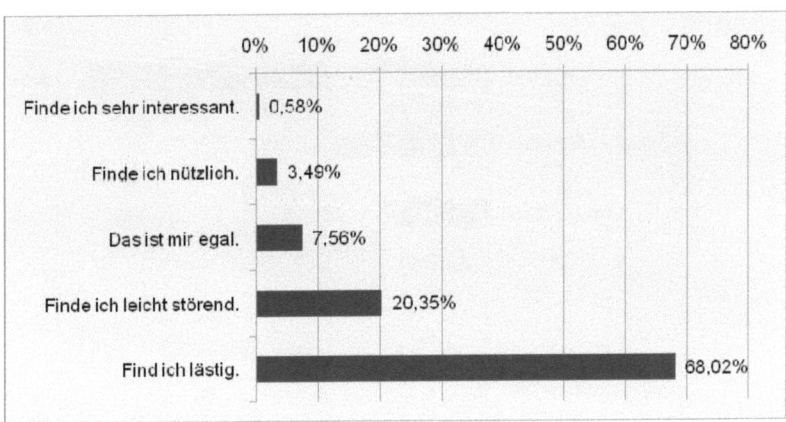

Frage 13: „Wie viele Messen und Ausstellungen haben Sie im letzten Jahr besucht?"

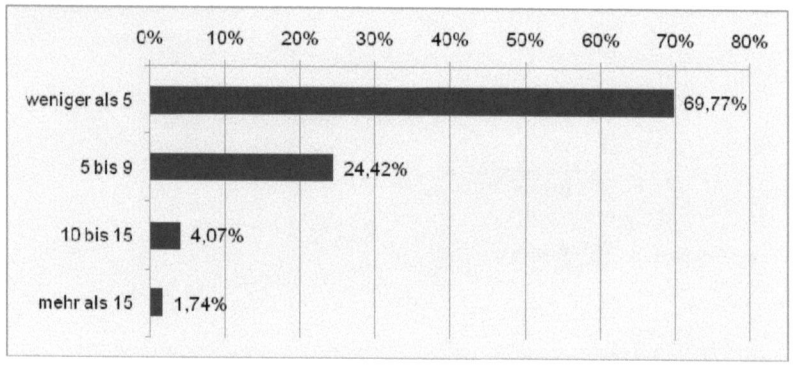

Frage 14: „Welcher Besuchergruppe würden Sie sich am ehesten zuordnen?"

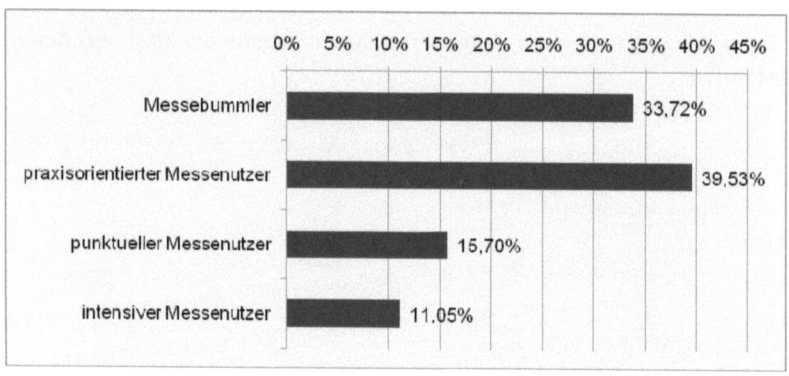

Frage 15: „Hätten Sie Interesse beim Betreten eines Messestandes per Bluetooth Informationen über Produkte oder Gutscheine auf das Handy übermittelt zu bekommen?"

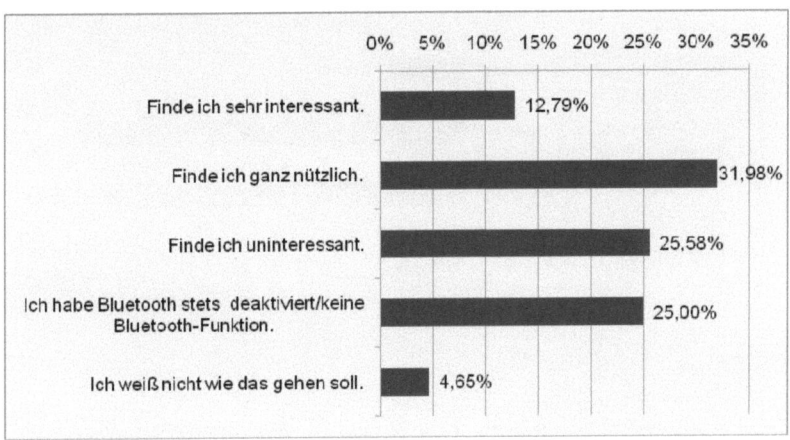

Frage 16: „Haben Sie auf Messen und Ausstellungen bereits Zusatzinformationen per Handy empfangen?"

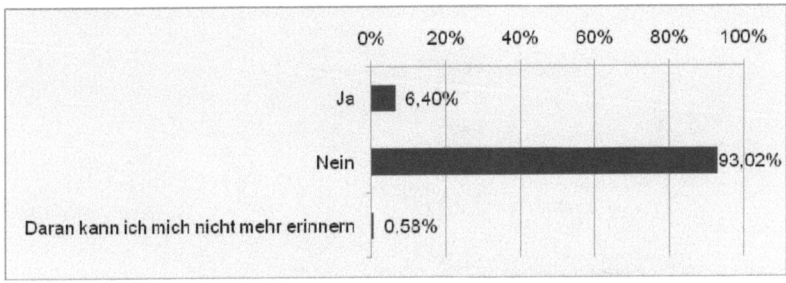

Frage 17: „Können Sie sich generell vorstellen nützliche Informationen oder Gutscheine per Handy zu lokalen Angeboten abzurufen?"

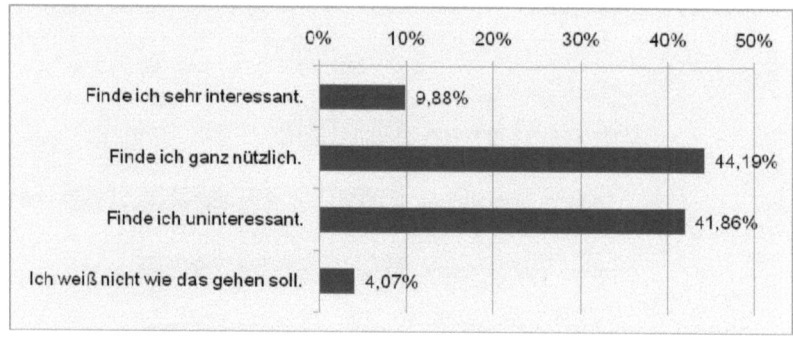

Frage 18: „Ein ausstellendes Unternehmen, das mir auf einer Messe Zusatzinformationen über seine Produkte per Handy anbietet, ist..."
(Mehrere Antworten möglich)

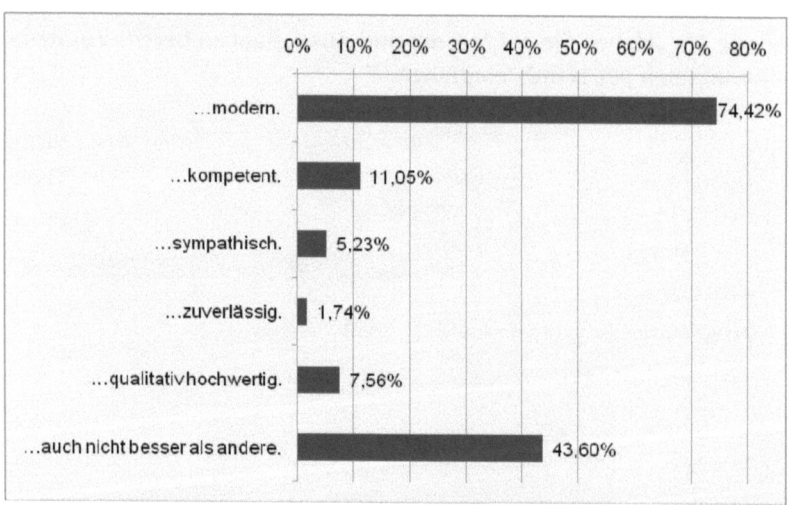

Frage 19: „Welche der folgenden Funktionen besitzt ihr Handy?"
(Mehrere Antworten möglich)

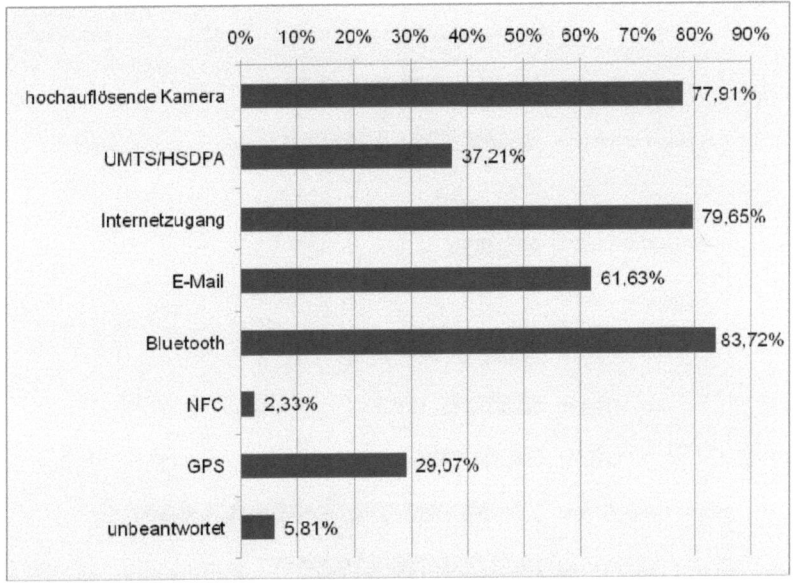

Frage 20: „Worauf würden Sie beim Kauf eines neuen Handys Wert legen?" (Mehrere Antworten möglich)

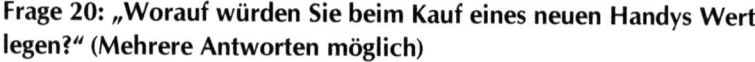

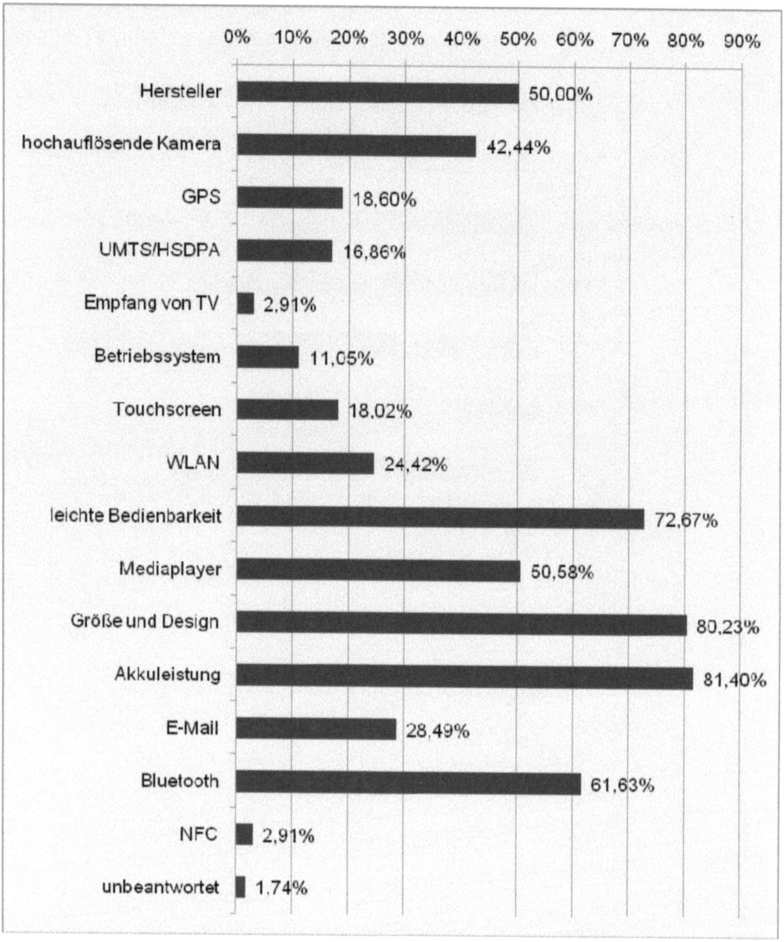

Die Autoren

Stefan Luppold lehrt seit 2006 an der Karlshochschule International University. Er leitet dort den Studiengang „Meeting, Event, Exposition and Event Management". Als Mitglied von Branchenverbänden engagiert er sich unter anderem bei MPI und dem EVVC. Er ist außerdem Mitglied im wissenschaftlichen Beirat der DeGefest (Deutsche Gesellschaft zur Förderung und Entwicklung des Seminar- und Tagungswesens e.V.), Mitglied im Tutoren-Team des Welt-Messe-Verbandes UFI für den internationalen Kurs EMD Exhibition Management Degree und seit 2007 Visiting Professor an Hochschulen in China. 2009 gründete er das Institut für Messe-, Kongress- und Eventmanagement (IMKEM), welches eine Verbindung zwischen Forschung, Lehre und Praxis in der Veranstaltungswirtschaft bildet.

Florian Bernard leitet seit 2009 den Bereich „Messen und Events" an der Karlshochschule International University. Zuvor studierte er bei Professor Stefan Luppold „Messe-, Kongress- und Eventmanagement" und schloss 2008 als „Bachelor of Arts" ab. Diese Publikation ist die Weiterentwicklung seiner Abschlussarbeit, die sich bereits Anfang 2008 intensiver mit dem Mobile Marketing für Aussteller auf Messen befasste.

Dieses Buch erscheint in der Schriftenreihe des Instituts für Messe-, Kongress- und Eventmanagement (IMKEM).

MIX
Papier aus verantwortungsvollen Quellen
Paper from responsible sources
FSC® C105338

Printed by Libri Plureos GmbH
in Hamburg, Germany